高效演讲

马芳 著

中国商业出版社

图书在版编目（CIP）数据

高效演讲 / 马芳著 . — 北京：中国商业出版社，2019.8
ISBN 978-7-5208-0852-1

Ⅰ . ①高… Ⅱ . ①马… Ⅲ . ①演讲—语言艺术 Ⅳ . ① H019

中国版本图书馆 CIP 数据核字 (2019) 第 165437 号

责任编辑：王彦

中国商业出版社出版发行
010-63180647 www.c-cbook.com
（100053 北京广安门内报国寺 1 号）
新华书店经销
天津兴湘印务有限公司印刷

* * * * *

710 毫米 ×1000 毫米　1/16 开　12 印张　130 千字
2019 年 10 月第 1 版　2019 年 10 月第 1 次印刷

定价：39.80 元

* * * * *

（如有印装质量问题可更换）

目录

CONTENTS

人生中的三个故事

——苹果公司创始人史蒂夫·乔布斯

演讲背景：

2005年6月，一个温暖的日子，史蒂夫·乔布斯首次出席了斯坦福大学的毕业典礼，并以毕业典礼致辞人的身份，与毕业生们分享了其人生中的三个故事。众人皆知，史蒂夫·乔布斯是个商业天才，对这个世界上成千上万的人来说，他不仅是强大的苹果公司的创始人，更是永远活在人们心中的传奇。他凭借敏锐的触觉和超人的智慧，勇于变革创新，引领全球资讯科技和电子产品的潮流，把电脑和电子产品不断简约化、平民化，让曾经昂贵稀罕的电子产品变为现代人生活的一部分。这篇演讲已经成了史蒂夫·乔布斯最伟大的演讲。他在演讲上分享的三个故事足以显示他对生命、对商业都有着超凡的理解。

原文再现：

在世界上最好的大学之一的斯坦福大学的学生毕业典礼上与大家在一起，我感到很荣幸。我从来没有从大学毕业。说实话，这是我有生以来与大学毕业最近的接触。今天我要告诉大家我人生中的三个故事。就是这样，没什么大不了的。我的人生只是三个故事而已。

第一个故事是关于人生长河中的点点滴滴的链接。

我在里德学院学习半年后辍学了，但在真正退学之前我还在学校里滞留了 18 个月左右。那么，我为什么要退学呢？

这要从我出生之前说起。我的亲生母亲是一个年轻、未婚的大学毕业生，她决定让别人收养我。她十分想让我被受过高等教育的人收养，所以在我出生时一位律师和他的妻子准备好了一切收养事宜。只可惜当我不期出世后，他们在最后一分钟却改变计划决定要一个女孩。于是，列在等候收养名单上的我的养父母在半夜里接到一个电话，被问道："我们有一名意外出生的男孩，你们想要吗？"他们回答说："当然想要。"

后来我的生母发现，我的养母不是大学生，我的养父连高中都没毕业，所以她拒绝签署最后的收养文件。几个月后，我的养父母答应总有一天，会送我去上大学，她才让了步。

……

我的第二个故事是关于爱和失败。

我很幸运，早年就找到了所喜欢做的事情。我 20 岁时沃兹和我在养父母的车库里创建了苹果公司。我们拼命工作，苹果公司在 10 年内从最初在一个车库里只有我们两个人的小作坊发展为一个拥有超过 4000 名员工，价值超过 20 亿美元的大企业。我刚满 30 岁的前一年，我们推出了最棒的作品——麦金塔电脑。然后，我被解雇了。怎么可以从自己创办的公司被解雇呢？哦，随着苹果公司的成长，我们雇用了我认为是一个非常有才华的人，他与我一道经营公司。头一年左右，一切都很顺利。但是后来我们对未来前景的看法发生了分歧，最终我们闹翻了。就这样，董事会站在了他那一边。所以在我 30 岁时我被解雇了。非常公开地解雇了。曾经是我整个成年生活的重心已经失衡了，这真是毁灭性的打击。

……

我的第三个故事是关于死亡。

……

演讲知识：

同学们，大家都知道，演员们无论是在首场演出还是多场演出，前几个月就开始积极排练，以保证演出效果。演讲者也一样，如果不是即兴演讲，那么他们在演讲前首先要写好演讲稿，并多次排练演讲内容。只有在演讲前做好充分准备的演讲者，才能完全相信自己。如果演讲者一上台，就开始翻看底稿，听众一定会纷纷走开。当然，扔掉演讲稿的话，我们可能会因为紧张而忘掉要说的一些内容，而且有可能说起来内容比较散乱，甚至语无伦次，但这至少会让人觉得有人情味。林肯曾说过这样一句话：“我不喜欢听枯燥乏味的讲话。当我听人讲话时，我喜欢他像在跟蜜蜂搏斗一样。”为了培养信心和勇气，当你面对观众的时候，不妨表现得好像真的具有那种信心和勇气一样。

乔布斯的演讲之所以有魔力，与他脱稿演讲有很大的关系。如果我们是听众，我们也期望演讲者能自然地表达自己的思想，而不是单纯地死记硬背已事先准备好的台词，虽然事实上他们确实需要背下这些台词。其实，听众也期望看到演讲者精确自然地表述出自己想要说的方方面面，逻辑分明，而不想听你信口胡诌。中国联通首任董事长赵维臣演讲时曾说，“一向念不好演讲稿”，于是将事先准备好的演讲稿放在一边，用幽默风趣、激情、简短的五句话表达了自己对联通成立十年的感慨和激动之情，分别是：迅速占领市场；重金招揽人才；目光看远，让合作伙伴与自己共赢；国内国外想办法筹措资金；尽管道路曲折，但仍坚持不懈。回首联通十年的成绩，他感慨万千，激动地说道：“联通难忘的十年、奋斗创新的十年，联通人干得好！”话音刚落地，现场听众立即报以热烈的掌声，经久不息。那么，如何才能在脱稿演讲时，还能牢记台词呢？我们如何才能在台上显得优雅自然、得体大方，成为像乔布斯那样的演讲大师呢？

第一，我们可以用 PPT，在 PPT 中写下自己的演讲要点。不要长篇大论，尽量看完这句话之后，就能引出自己的想法，进而自然地表达出来。

第二，可以罗列一些关键词和主要思想脉络，然后着重练习演讲。不用担心自己说话会结结巴巴，或者忘记某个要点。只需要瞥一眼这些关键词，就可以唤醒演讲者的记忆。

第三，写演讲稿时避免长篇大论，把底稿中那些累赘的词全部删除。

第四，扔掉底稿，多次练习整场演讲，不再借助注释，仅仅使用幻灯片作为提示。

让我们同心协力，一道前进

——英国首相温斯顿·丘吉尔

演讲背景：

温斯顿·丘吉尔 20 多岁时，就在英国、美国、加拿大等国进行巡回演讲，是一位卓越的演讲家。在第二次世界大战最为艰难的岁月里，他以卓越的政治和外交智慧，用动人心魄的声音和最富有战斗力的语言，在英国只剩下三样东西(皇家空军的勇气、莎士比亚的名言、丘吉尔的演说)的危难时刻，稳定民心，激励斗志，被民众誉为“反法西斯斗士”“英国人抵抗的灵魂”。1940 年，德国法西斯横扫欧洲大地，英国前首相张伯伦遭到质疑，被迫辞职，国王召见丘吉尔，丘吉尔临危受命，出任首相。本篇演说就是其当年在英国下议院发表的就职演说，他以“诗一般的语言，铁一般的意志”慷慨陈词，向邪恶的法西斯黑暗势力彻底宣战。

原文再现：

上星期五晚上，我接受了国王陛下有关组织新政府的任务。

新政府应该建立在最广泛的基础上，应该包括所有的政党在内，既有支持上届政府的政党，也有上届政府的反对党。这显然是国会和国民的共同意愿。

我已完成了该项任务中最重要的部分。一个代表工党、反对党和自由党在内的 5 人战时内阁已经组成，代表了国家的团结统一。

由于事态极其紧急严峻，新内阁政府的组建应在一天之内完成。其他许多重要职位已在昨天任命。我将在今天晚上向英王陛下呈递补充名单，并希望于明日一天完成对政府主要大臣的任命。

……

正如我曾对参加本届政府的成员说的那样，我也要向议院说："我没有什么可以奉献，我能奉献的只有热血、辛劳、眼泪和汗水！"

我们面临着极其严峻的考验，我们面临着长期艰苦卓绝的斗争。

如果你问：我们的政策是什么？我的回答是：尽我们的全力，用上帝给予我们的所有力量，在海上、陆地和空中进行战斗，向一个史无前例的凶残暴政作战。这就是我们的政策。

如果你问：我们的目标是什么？我可以用一个词来回答：胜利。无论我们的道路多么崎岖漫长，我们都要不惜一切代价，不畏任何恐怖，夺取胜利！因为得不到胜利就无法生存。

大家必须认识到这一点：不胜利，帝国就无法幸存，帝国所代表的一切将无法生存，推动人类历史不断前进的动力将不复存在！

我充满乐观和希望地肩负起我的职责。我确信，靠大家的共同行动，我们的事业就不会遭受挫败！

此时此刻，在这危急关头，我觉得我有权利得到所有人的援助。我要说："来吧，让我们同心协力，一道前进！"

演讲知识：

电视为我们的生活增添了无穷的乐趣，里面的广告、电视剧或娱乐节目等都源于生活，用表演艺术（如动作、表情、心理等）把我们生活中不曾体会过的情感及不曾经历过的事栩栩如生地演绎，呈现在我们面前。演讲也和演戏一样，都需要有表演艺术，不同的是有假戏真做和真戏假做之分，但这两者的语言动作却极其相似。那么，我们在演讲时何不尝试从表演艺术中悟出演讲知识呢？演讲时，把听众想象成你的最佳搭档，用语言动作去打动、说服、感染他们，同时看你的搭档做出的反应来控制你的演讲，最终形成双方互动。这有点像电视节目发展剧情那样。人们在交谈时有双重的交流：一是谈话内容的交流；二是特定的相互关系的交流。后者作为全部交流的基础，暗示、制约着内容的交流，使之显示真正的含义并产生交流效应，这被称为"交流模式"，戏剧里在人物关系的酝酿中，一句简单的台词也会有极丰富的内涵。演讲者如果与听众进行特殊关系的交流，那么演讲内容在交流时不也能以少胜多、举重若轻吗？"语言动作"既是内容的最佳传递手段，又是这种关系交流的动力和触媒。

在一定的情境下，演讲者的语言动作能以一当十地超越台词，或许一句话或者一个字就已经能够折射出人物的内心世界了，演讲者如果再来点暗示动作就更能所向披靡。

选择塑造人生

——亚马逊网络购物中心缔造者杰夫·贝索斯

演讲背景：

本篇演讲是贝索斯在普林斯顿大学2010年学士毕业典礼上发表的演讲。不难发现，作为全球最大的互联网亚马逊的管理者，其把亚马逊打造成了最便宜的书店之一。它天天都在打折，几乎可以算是举世最大的折扣者。贝索斯曾一再宣称，公司是大家的，是每一个人的，直到这个信念使打扫卫生的老太婆都铭记于心。用最低的价格再加一个承诺来留住员工，这可能是每一个企业老板的梦想，这个梦想被贝索斯实现了。美国《时代周刊》杂志在2000年1月3日的特刊，遴选贝索斯作为"年度风云人物"的代表，用将近18页的全版版面，极力赞扬贝索斯的丰功伟业。他在创建电子商务帝国的同时，也创造了"电子商务"这个词；他不仅创造了财富，还创造了历史，世界从此进入电子商务时代。

原文再现：

……

今天我想对你们说的是，天赋和选择不同。聪明是一种天赋，而善良是一种选择。天赋得来很容易——毕竟它们与生俱来。而选择则颇为不易。如果一不小心，你可能被天赋所诱惑，这可能会损害到你做出的选择。

在座的各位都拥有许多天赋。我确信你们的天赋之一就是拥有精明能干的头脑。之所以如此确信，是因为入学竞争十分激烈，如果你们不能表现出聪明才智，便没有资格进入这所学校。

你们的聪明才智必定会派上用场，因为你们将在这片充满奇迹的土地上行进。我们人类，尽管跬步前行，却终将令自己大吃一惊。我们能够想方设法制造清洁能源，也能够一个原子一个原子地组装微型机械，使之穿过细胞壁，然后修复细胞。这个月，有一件异常而不可避免的事情发生了——人类终于合成了生命。在未来几年，我们不仅会合成生命，还会按说明书驱动它们。我相信你们甚至会看到我们理解人类的大脑，儒勒·凡尔纳、马克·吐温、伽利略、牛顿——所有那些充满好奇之心的人都希望能够活到现在。作为文明人，我们会拥有如此之多的天赋，就像是坐在我面前的你们，每一个生命个体都拥有许多独特的天赋。

……

我要做一个预测：在你们 80 岁时某个追忆往昔的时刻，只有你一个人静静对内心诉说着你的人生故事，其中最为充实、最有意义的那段讲述，会被你们做出的一系列决定所填满。最后，是选择塑造了你们的人生，为你自己塑造一个伟大的人生故事。

……

演讲知识：

人人都有一种虚荣心理，它现在已经演变成了人们的普遍心理。无论是古今中外、男女老少、贵富贫贱等都有这种心理。所以，在日常生活中，一个人说“你真漂亮！”“你好有气质”。听到这话，大家肯定都会特别高兴，也会欣喜地接受这种夸奖，还会想着说话的这个人真是有眼光。但如果有人说“这件衣服跟你很不搭，我穿估计会很适合。”或者冒昧地问你“你不买这些衣服是不是因为没有钱，那我先帮你垫点吧！”或许，这话很真诚，是大实话，但听的人不但会不高兴，心里肯定还会想，这人说话太直白了，还自卖自夸，真讨厌。所以，我们在说话时一定要注意“多夸他人，少夸自己”，这是最聪明的说话技巧。

这一说话技巧可用到演讲中去，想要听别人夸奖自己，首先要夸奖别人，走出“自卖自夸”的误区，认真地审时度势，仔细揣摩听众心思，这样方能出奇制胜。记得刚入学不久，学校为选举新生学生会主席举办了一场演讲，大家都跃跃欲试。有一个男同学，对自己的成绩大谈特谈，还夸口给学校立下了何等的汗马功劳，没讲多久，台下就一片哗然，下面的同学都嗤之以鼻，有些同学甚至还窃窃私语，觉得他太夸张了，还没当上学生会主席就这么自夸，那选上之后可就更不得了啦。他的演讲以失败告终。

但这并不是说在演讲中不能夸赞自己，只是一定要把握好度，演讲者最好是用几句委婉的话把自己的成绩或优点一笔带过。这样，不仅会使听众了解到演讲者的优点，还会给听众造成你很谦虚的感觉。

我们丧失的诚实
——英国现实主义戏剧作家乔治·萧伯纳

演讲背景：

乔治·萧伯纳是英国现代杰出的现实主义戏剧作家，是世界著名的擅长幽默与讽刺的语言大师，1925年由于其作品具有理想主义和人道主义精神而获诺贝尔文学奖。他主张艺术应当反映迫切的社会问题，反对“为艺术而艺术”。其思想深受德国哲学家叔本华及尼采的影响，他也曾读过马克思的著作，不过他却主张用渐进的方法改变资本主义制度，反对暴力革命。本篇演讲是萧伯纳于1884年5月22日在贝德福德辩论会上发表的演说。

原文再现：

我必须向你们提出的命题为“社会主义运动不过是维护我们

丧失的诚实”。你们有些人会立刻想到，我对“诚实”的看法一定很奇怪。然而，我敢说，“诚实”并非你们的或我的一种主观印象，而是一项可以准确界定的社会生活条件。其意义为，若某人为别人工作了 1 小时，则别人亦应为某人工作不少于 1 小时。在人人为自己工作（生产自己需要的每样东西）的个人之间，不会出现诚实问题。但这只发生在鲁滨孙的一人社会里，因为这是一种很浪费的安排。

男子砍树的能力比妇人强，一妇人织长袜的本领比男人强。假设一妇人砍倒 1 棵树时，一男子能砍倒 2 棵，而此男子织成 1 双长袜时，该妇人能织成 2 双。进而假设此男子砍倒 2 棵树与该妇人织成 2 双长袜所用时间均为 1 小时。若各人仅为自己生产，妇人需要 1 棵树生火、1 双长袜穿着，势必费 1 小时于砍树、半小时于织袜，共计 1 个半小时。此男子有同样需要，亦必费半小时于砍树、1 小时于织袜，共计亦 1 个半小时。此男子与妇人需付出 3 小时之劳动，以满足他们生活和着袜之需要，若他们相互为对方工作，即可从此 3 小时中节约 1 小时。因两人共需 2 棵树和 2 双长袜，而男子 1 小时能砍 2 棵树，妇人 1 小时能织 2 双长袜。让他们这样做，然后以 1 棵树交换 1 双长袜。他们只工作了 2 小时而非 3 小时，每人的需要照样得到了满足。两人各得到了半小时闲暇，而且谁也没有做损人利己的事。妇人为男子工作了半小时，男子也为妇人工作了半小时。这就是社会主义运动争取办到的事情。

……

演讲知识：

一场成功的演讲不仅要有好的开头，结尾部分也是十分重要的。演讲的结尾要比开头和主体部分呼声更高，内容要更有深度，语言要更有力度，这样效果才会更耐人寻味。那么，如何结尾才能起到良好的作用呢？下面我们一起来看几种方法：

第一，点题式结尾。其能突出演讲的中心思想，把自己演讲的思想主张深深地刻在人们的心里。例如，1989 年西班牙的卡米洛·何塞·塞拉·特鲁洛克荣获诺贝尔文学奖并在授奖仪式上发表了题为《虚构颂》的演讲，结尾是这样的："通过努力和想象，人最终可以成其为人。在这种很大一部分尚未完成的事业中，虚构在任何时候、任何情况下都是一个决定性的工具：在通向自由的无尽的征途上，它能够给人们指引方向。"结尾直接回归演讲的主题《虚构颂》，强化了其所倡导的虚构的重要性。

第二，号召式及决心式结尾。其主要是对经济发展、国家富强、民族振兴和日常积极生活等的号召，需要人民艰苦奋斗，特别是演讲者或领导者有模范带头作用，处理好社会中的各种关系。而表决心的结尾方式则感情饱满，激情奔放，有助于坚定听众的信念，增加演讲的感召力。这两种结尾方式都能有效笼络人心。

第三，抒情式结尾。这种结尾我们在写作文时经常用到，是对演讲的中心内容的一种思想和激情的燃烧，用诗情画意的语言结尾，最易激起听众心中感情的浪花，给听众以极大的鼓舞和力量。

第四，名言式结尾。通过用名言、警句、诗句等作为结尾，不仅使语言精练、生动，富有节奏和韵律，还可以使演讲的内容丰富、充实，具有启发性和感染力。

拯救儿童，拯救世界

——流行音乐之王迈克尔·杰克逊

演讲背景：

1959 年 11 月 20 日，联合国大会通过了《儿童权利宣言》，规定了各国儿童享有的基本权利。但是半个多世纪过去了，仍有孩子生活在连天炮火中，因饥饿而死去，因受虐待而流血，因无法接受教育而哭泣。

迈克尔·杰克逊是世界流行文化的象征人物，在全世界拥有极高的知名度与巨大影响力。他于 1992 年成立了“拯救世界（治愈世界）”基金会。“拯救世界”基金会已经为 20 个国家的众多儿童提供了支持和援助。这篇演讲是 2001 年迈克尔·杰克逊在牛津大学发表的以“拯救儿童”为主题的演讲。

原文再现：

……

朋友们，正如其他一些来此的演讲者不善于月球漫步一样，我也并不具备他们所拥有的学术专业知识——而且，大家都知道，爱因斯坦在这方面尤其让人敬畏。但是我可以说，比起大多数人，在其他文化方面我拥有更丰富的经验。人类文明不仅仅包括图书馆中纸墨记载的，还包括那些记在人们内心的，刻进人们灵魂的，印入人类精神的。而且朋友们，在我相对短暂的生命里我经历了这么多，以至于我真的难以相信自己只有 42 岁。我经常对 Shmuley 说我的心理年龄肯定至少有 80 岁了，今晚我甚至像个 80 岁老人一样走路。那么就请大家听我说，因为今天我一定要对大家讲的或许会让大家一起来治愈人道，拯救地球！

多亏上帝的恩典，我很幸运地提前实现了自己一生的艺术和职业抱负。但这些成绩和我是谁，性质完全不同。事实上，在崇拜者面前活泼快乐地表演 *Rocking Robin* 和 *Ben* 的五岁小男孩并不意味着笑容背后的他也同样快乐。

今晚，我不想以一个流行偶像的身份出现在大家面前，我更愿意做一代人的见证，一代不再了解作为孩子有什么意义的人。大家都有过童年，可我却缺少它，缺少那些宝贵的美妙的无忧无虑、嬉戏玩耍的时光，而那些日子我们本该惬意地沉浸在父母亲人的疼爱中，为星期一重要的拼写考试下功夫做准备。熟悉 *The Jackson 5* 的朋友都知道我 5 岁时就开始表演，从那以后，就再也没有停止过跳舞、唱歌。

虽然音乐表演是我最大的乐趣，可是小的时候我更想和其他的男孩子一样，搭树巢、打水仗、捉迷藏。但是命中注定我只能羡慕那些笑声和欢乐，我的职业生活不容停歇。

演讲知识：

在我们的日常学习生活中，无论是学校竞选、课堂发言，抑或是学校举办的辩论比赛、参加同学聚会进行活动探讨等都需要临场发挥，进行简短的演讲，尤其是当我们学业完成，步入社会后，首先要面对的就是面试中或者公司会议中的即兴发言。可不要小看即兴发言哦，简短的几分钟讲话就能体现出一个人的心理素质和诸多能力。

其实，对大多数中国人来说，即兴演讲长期以来一直是一个重大疑难问题，可是即兴演讲究竟难在哪儿？前面我们说过，在一场成功的演讲中，演讲者必须具有广博的专业知识储备、敏捷的思维以及较高超的口语表达力。而在这些要素中，敏捷的思维是即兴演讲中的重中之重，但它也是即兴演讲的最大难点。大家知道为什么敏捷的思维对即兴演讲如此重要吗？

首先，思维仿若演讲的一个总指挥。

在成功演讲的许多要素中，思维可以说是首要因素。我们想想，如果演讲者思维迟缓、头脑不灵活，那么，即使他有再丰富的知识储备，再广博的见识，再巧妙的口舌也会像战场上缺少统筹规划，没有指挥的军队一样一片混乱。也可以说，思维在演讲时就像一个调控中心，负责组织语言、凝练主题、酝酿感情。

其次，即兴演讲的准备时间较短。

可以说，即兴演讲是场无准备之战，或许在课堂上、会议上突然点名让我们发言，在比赛中随机抽取一个命题让我们进行演讲，在辩论比赛中要随着对方的思维不断地变换自己的思维，等等，这些都在时刻考验着演讲者的即兴演讲能力以及应变思维能力。这里大家一定要知道，即兴演讲不会像命题演讲那样，可以提前准备稿子、记住稿子的内容等，它要求演讲者既能逻辑清晰明了、出口成章，又能让整体演讲听起来浑然一体。

最后，演讲内容以小搏大。

即兴演讲的时间会很短，不可能让你长篇大论，说得仔仔细细，繁冗拖沓。所以，这就要求演讲者能够在最短的时间里，在大脑中构思好自己所要演讲内容的主题，并组织好语言、酝酿好感情，然后以小搏大，用精练的语言表达出完整清晰、紧扣主题的演讲。

有的同学可能会因为一时练不成敏捷的思维而对自己耿耿于怀，我们要告诉大家，演讲中敏捷的思维并不是一朝一夕练就的，只有付出长期艰苦的努力，十年磨一剑，长此练习下去，肯定会成功的。

论仁爱与幽默

——英国作家威廉·麦克皮斯·萨克雷

演讲背景：

威廉·麦克皮斯·萨克雷一生创作颇丰，其笔锋犀利，刻画人物非常精确，富有幽默感，是一位风格独具的现实主义作家，在英国文学史上一直占有非常重要的地位。他的《名利场》发表后立即引起轰动，被认为是英国文学的一座里程碑，奠定了他在文学史上的地位。其作品对英国社会的种种势利风尚、投机冒险和金钱关系进行了极其深刻的揭露。他的作品大都是描写英国资产阶级的风俗人情，尤其擅长揭露英国上流社会的黑暗面，马克思曾予以肯定。

原文再现：

我们的幽默作家们，这些不在安息日也照样诲人不倦的布道者，除了帮助我们在生活中获取乐趣，进行无害于人的嬉笑逗乐，摈斥虚假和矫饰，正义地鄙弃伪善，启发我们认识真理，热爱诚实，懂得生活，并且机敏地处世外，还一贯大力支持这个使你们聚集在此并为你们所拥护的神圣事业——爱心和仁慈的事业；穷人、弱者和不幸者的事业；一项出于爱心、和善、使人彼此和睦相处、善意相待的可爱的使命。

你们抱着行善的目的聚集在这里，在门口为那些应该得到帮助的人捐款，因而我希望并相信，干我们这一行的人对慈善事业有所贡献，至少是以友好的话语和思想，在予人幸福和做好事方面有所助益。幽默作家若以不在安息日也照样布道的人自许，那么他们的布道是否已给人带来好处？人们在读过艾迪生、斯梯尔、菲尔丁、哥尔德斯密斯、胡德和狄更斯的作品后，与以前相比，是否更快乐些，为人更好些，与邻居相处更和睦些，更愿做出于善心的工作，更愿待人宽厚，更有宽容精神和同情心？我希望如此，也相信的确是如此，而且认为这些作家是以慈悲为怀而写作的，是在以上帝赐予他们的本领来推动实现这个使你们聚集在一起的目标。

对人的爱是一种十分空洞、模糊的品德，取得这种美名并不费事，而且一己行事之际完全不必因担了这种名声而收敛检点，据说慈善家在外施恩行善，回家之后就一点也不比邻居强。达尔杜弗之流不断谈论高尚情操，而其品德却不比他们所指斥、所欺骗的人高尚，这类人物自然不配受到人们信任，而应加以讥刺。可是，他们的伪善固然是一种施恩讨好的行径，却又如一句老话所说，邪恶也会化为善举，带来好的结果。

……

演讲知识：

在现代日益紧张的社会生活中，不仅大人们有压力，据调查，学生们的压力也越来越大，人们需要找到使精神得到松弛的方法，而幽默则是一种最有趣、最有感染力、能给人缓解压力传递快乐的艺术，它已经日益成为人人喜欢的一个品格和力量。其实，幽默中所蕴藏的超脱的人生智慧，古今中外都有，并且，它在人类的生活中变得越来越重要，成为不可取代的因素。在日常讲话中，拥有幽默，你便拥有了受人喜爱的资本，而在演讲中，幽默也同样重要。

除了那些最为忧伤的发言和场合（如致悼词等）外，幽默都是一个为讲话添彩的非常重要的因素，但是在演讲者决定使用幽默及其类型之前，必须考虑自己的风格。即使最蹩脚的笑料，成功的演讲者也能通过利用字与字和词与词之间停顿的长短使之变得十分好笑。或许我们演讲者中很少有人具备幽默的天赋，但是不要绝望，因为听众总是站在演讲者这边的。人们聚集在一起来听演讲通常总是不准备自己找气受。但演讲者一定要牢记，幽默是运用智慧、聪明与种种搞笑的技巧，不仅使人听了发笑、惊异、啼笑皆非，还会使人从中受到教益。

由于提出了相对论，爱因斯坦变得闻名遐迩，所以，名气大增的他被许多人邀请去做演讲，但这使他疲惫不堪。他的司机是位风趣幽默的美国人，一天，他看见爱因斯坦很疲惫就提出建议："您实在太辛苦了，也一定都讲烦了，您的演讲内容我倒背如流，下次演讲时让我穿您的衣服，来代您演讲，直到被发现为止，可以吗？""妙啊，反正那里认得我的人也不多。"同样富有风趣的爱因斯坦回答道。

作家林语堂有次在台北参加某大学的毕业典礼，之前发言的很多人都发表了长篇大论，到他演讲时，听众都已疲倦不堪，林语堂站起来说："演讲要像姑娘的迷你裙，愈短愈好。"话一出口，全场立刻鸦雀无声，然后爆笑一片。林语堂很好地表达了观点，也赢得了听众。

可见，幽默的力量真是不可低估。年轻的朋友在演讲中可能都会紧张，幽默却能使演讲者发挥超凡，使所有令人不快的气氛一下子变得愉悦而轻松，甚至能使冲突的氛围变得和谐融洽，因此应该有意识地去培养这一素质。它可以使年轻人显得机智，使老人变得年轻，还可以吸引众人的注意力，也可以在不经意的调侃之间缩短彼此的距离。总之，为了做一个生活中和辩论场上的常胜将军，年轻的朋友应该不断地提高自己的才能和素质。

如果演讲者不是以幽默诙谐的方式，而是一本正经地讲"没有文化的文化是多么可怕"这么一个大而严肃的话题，就很难吸引大家的注意力，也很难引发大家对问题的深入思考了。

英国人对美国的友情

——英国批判现实主义小说家查尔斯·狄更斯

演讲背景：

狄更斯是19世纪英国现实主义文学的主要代表，是位高产的作家，其凭借勤奋和天赋创作出一大批经典著作。他的作品以妙趣横生的幽默、细致入微的心理分析，以及现实主义描写与浪漫主义气氛的有机结合著称，对中国现代小说创作有很大的影响。

原文再现：

……

先生们，这里我附带提到这些小事是为了向你们肯定：如我所希望的那样，英国人对美国人像对英国本国人一样诚恳，他们本来就没有什么反对的观念。在两个伟大的民族之间，过去、现在和将来都会有不一致的地方。然而在英国广泛地传播着、洋溢着这样一种感情：这两个伟大的民族实质上是一家人，他们共同负有高举盎格鲁—撒克逊旗帜的责任（这一点我们的主席已经谈到了），还要把它的一切成就展现在全世界面前。如果我对我的同胞们还有所了解的话——他们相信我是了解一些情况的——如果我对我的同胞们有所了解，先生们，英国人的心已为星条旗的飘扬而激动了，尽管除了自己的旗帜外，他们一般不为其他任何飘动的旗帜所激动。如果我了解我的同胞，我知道他们不像安东尼·艾布索列特爵士所说的恋人们惯常表现的那样，起初“略带厌恶”，却又深怀好感与尊敬来对待他们同美国的一切关系；不论当时有过什么样的小情绪，也不论现在、将来，这里、那里会有什么样的小小的官僚脾气和官僚政策，请相信我的话，英国人普遍给予美国人的持久的、极大的关心是一种富有正义的思想。

最后，先生们，我讲一个问题请予以指正。我的确认为，在大西洋两岸众多的、诚实的、有思想的人中，不会没有这样一种看法：让地球被地震震碎，被彗星烧毁，被冰山撞翻，把它扔给北极的狐狸和熊，也比在描述这两个通过各自的方式和时机努力而成功地争取自由的伟大国家的景象时，把它们再度对立起来好。先生们，对于你们的主席和你们大家如此友好，亲切地对待我的健康和我的拙劣言辞，我感激不尽，但请相信我，我的确是以我的心灵所能具有的最大热情来感谢你们的。

演讲知识：

演讲需要添加点料，使之产生“怪”味，这主要体现在演讲者不按常理出牌去思考问题，不按传统观念看待事物，他们的演讲立意新颖，角度独特，语言亦庄亦谐，表达灵动、张扬，充满了张力和磁性。显然，加了“怪”味的演讲，更具震撼力和吸引力，它会激活听众的思维，带给大家更多的回味和思考。那么，如何给你的演讲加点“怪”味呢？

第一，言此意彼。就是说演讲表面上是在和一些名言或传统的观念唱反调，但实际上却是在借题发挥，合理、巧妙地阐述自己的观点。前阿里巴巴公司首席执行官马云先生在精彩演讲《爱迪生欺骗了世界》的开头就应用了此方法，使演讲令人震惊，他简直是在“颠覆”人们心中的成功准则，于是，大家的注意力一下就集中到马云的演讲上。

第二，请君入瓮。“请君入瓮”的目的在于让大家产生错觉，“诱导”大家的注意力固定在要表扬某人或某事上，然后突然向批评的方向转化，“期待”的落空使大家产生巨大的心理落差。这势必会带给大家更多的震撼。

第三，奇思妙想，大胆错位。奇思妙想就是把本来不同类型的事或人联系在一起，因为超出常理，自然让人感到奇异和荒谬，而演讲在这奇异和荒谬中，又闪烁出理性和智慧的光芒。

不自由，毋宁死

——美国政治家帕特里克·亨利

演讲背景：

18世纪中叶，北美要求独立的呼声越来越高，面对这种情况，英国政府软硬兼施，采用各种手段，力图维持与北美殖民地的宗主国关系。在独立问题上，帕特里克·亨利是个激进派，主张北美殖民地不惜以自己的生命和鲜血来换取独立，摆脱对英国的依附关系。1774年3月23日，亨利在弗吉尼亚议会上发表了这篇即兴演讲，被公认为世界最经典的演讲之一。亨利以敏锐的政治眼光，饱满的爱国激情，以铁的事实驳斥了主和派的种种谬误，阐述了武装斗争的必要性和可能性。从此，“不自由，毋宁死”的口号激励了千百万北美人为自由独立而战，这篇演说也成为世界演说名篇。

原文再现：

议长先生，他们说我们太弱小了，无法抵御如此强大的敌人。但是我们何时才能强大起来？是下周，还是明年？难道要等到我们被彻底解除武装，家家户户都驻扎英国士兵的时候？难道我们犹豫迟疑、无所作为就能积聚起力量吗？难道我们高枕而卧，抱着虚幻的希望，待到敌人捆住了我们的手脚，就能找到有效的御敌之策了吗？先生们，只要我们能妥善地利用自然之神赐予我们的力量，我们就不弱小。

一旦 300 万人民为了神圣的自由事业，在自己的国土上武装起来，那么任何敌人都无法战胜我们。此外，我们并非孤军作战，公正的上帝主宰着各国的命运，他将号召朋友们为我们而战。先生们，战争的胜利并非只属于强者。它将属于那些机警、主动和勇敢的人们。何况我们已经别无选择。即使我们没有骨气，想退出战斗，也为时已晚。我们已毫无退路，除非甘愿忍受屈辱与奴役，囚禁我们的锁链已经铸就，波士顿草原上已经响起镣铐的叮当声。战争已经无可避免——让它来吧！我重复一遍，先生们，让它来吧！

……

回避现实是毫无用处的。先生们会高喊：和平！和平！但和平安在？实际上，战争已经开始，从北方刮来的大风暴将把武器的铿锵回响送进我们的耳鼓。我们的同胞已身在疆场了，我们为什么还要站在这里袖手旁观呢？先生们希望的是什么？想要达到什么目的？生命就这么可贵？和平就那么甜美？甚至不惜以戴锁链、受奴役的代价来换取？全能的上帝啊，阻止这一切吧！在这场斗争中，我不知道别人会如何行事，至于我，“不自由，毋宁死！”

演讲知识：

今天，读完以上演讲，再看看亨利演讲时的照片，我们不难发现，他的手势语运用得极好，总是让人有一种走进演讲现场的感觉。“演讲手势语”，即演讲者运用手掌、手指、拳头和手臂的动作变化来表达思想感情的一种肢体语言。演讲作为一种人际交流的高级形式，怎么可以少了手势语呢？在此，我们主要教大家如何用手势语强化演讲。

不知道大家对2005年春节晚会的舞蹈《千手观音》还有没有印象，当时此节目让很多观众都为之惊叹。演讲和舞蹈一样，是一种很有思想的艺术形式，每一种肢体动作实际上都是在向观众传达一种信息。《千手观音》的最大魅力在于它用手势语独到、细腻地传达出作为社会特殊群体聋哑人对爱的祈祷与祝愿。舞台上美丽的姑娘们用那一双双挥动的柔软玉手，激情、和谐地展示出了一幅动人的观音图，让观众仿佛沐浴在一片祥和的世界里，同时，那一双双玉手汇聚成了一句勾人心魂的话语：“爱，是我们共同的语言。”

由此可见，这些无声的手势语在某些特殊的环境里、特殊的情形下，创造了此时无声胜有声的艺术效果。不管是在演讲，还是与人的交流沟通中，手势语运用更为普及、更为常见，也更频繁，当人们见面时，两手一经接触，所有的思想情感便渗透其中。所以，我们必须认真掌握一些手势语。下面就简单介绍一些演讲中的手势语，希望对大家有所帮助。

掌心向上，拇指张开，其余几指微屈，所谓仰手式。手抬高表示欢欣赞美；手放平表示希望征求听众的意见；手降低则是无可奈何的意思；掌心向下，手指状态同上，这是审慎的提醒手势——覆手式，代表否认、反对等；手掌全部展开且挺直即切手式，它像一把斧子飕飕地劈下，表示果断、坚决等；伸指式，即指头向上，专门指代事物或引起听众注意等；包手式，就是五指尖相触，指尖向上，这种手势主要是强调主题和重要观点或在遇到具有探讨性的问题时使用。除此之外还有许多手势语，这里就不一一说明了。

需要注意的是，讲话过程中的手势是内在情感的自然表露，而不应是生硬的做作，否则，不仅达不到表情达意的效果，反而会画蛇添足。运用它时，不可拘泥，应自然得体。

践行自由之路

——第 12 任美国总统扎卡里·泰勒

演讲背景：

扎卡里·泰勒是美国第 12 任总统，也是美国军事领导人。他起初对政治并不感兴趣，但是他作为辉格党候选人参加了 1848 年的总统选举，并击败了刘易斯·卡斯而当选。1849 年 3 月 5 日，扎卡里·泰勒发表了就职演说。在演说中他宣誓“维持、保护和守卫”宪法将成为他行动的方向，他将力争践行自由之路。

原文再现：

……

作为美国的自由人，我们不能不对所有扩展民事政治自由的努力饱以同情，但同时，我们受到历史和我们敬爱的华盛顿的告诫而不要卷入与外国的联盟中，在所有冲突政府之间的争执中，保持严格的中立是我们的利益，也是我们的责任。同时我们的地理位置，我们的组织和人民的天资，文明的前进精神和高于一切的宗教指令都引导我们来培育同其他政权的和平友好关系。我们希望任何当今发生的国际问题，一个自信其力量并决心保护其权利的政府都能够通过明智的谈判来解决；它变得更像我们自己的政府，以其公民的美德和智慧为基础，由他们的爱戴所维护，在借助于武力之前用尽所有体面的外交手段。在我们的外交事务中，我将遵从这些观点，因为我相信它们对国家的最高利益和真正荣誉非常重要。

赋予总统的任命权力带有微妙而沉重的责任。尽我所能得知的，我将以正直、能力和忠诚作为授予官职的前提条件，而缺少其中的任何一个都被认为是解职的充分理由。我将调研并向国会推荐那些必要而正当的合乎宪法的措施，来鼓励和保护农业、商业和制造业的重大利益，改变我们的河流和港湾，尽快清偿公共债务，对所有的政府官员实行严格的责任制并在公共预算中严谨节约；但被宪法赋予所有立法权的国会要靠自己的智慧来调控这些和其他国内政策。我将有信心信赖这一政体的开明爱国精神来采纳这些协商的措施，旨在协调矛盾的利益和永远保持我们所希望和热爱的联邦。

我将把任何符合真正爱国的人民心愿，旨在改进的行为，和相应的政府部门联合起来。我的同胞，最后我向你们祝贺，慈祥神圣眷顾所赐予我们共同祖国的高度繁荣。让我们祈求这引导我们从微小的开始到达今日显赫的保护和关心会得以继续，并让我们通过我们的谨慎和节制，正确地试图消除由不同意见引起的怨恨，推广和实践公正而自由的原则，来使我们赢得这种保护的继续，以及一个在我们自己广阔共和国内没有界限的广泛爱国精神。

演讲知识：

就职演讲是新任领导面对其职权范围内的所有群众或代表而发表的施政演说，关系到群众对新任领导的第一印象。就职演讲可长可短，说出来的话语要庄重、诚恳，体现出自己为国家鞠躬尽瘁、为人民幸福服务的尽职尽责的崇高精神，表示决心和毅力时要充满自信。

一般来讲，就职演讲主要包括四个部分：一是称呼，也就是演讲时对听众的称呼，一般要用全称；二是开头，开头时要表明就职者的情感，对选民、代表、群众的感谢之情，最好简短、亲切一些；三是主体，即讲明施政纲领、措施、继任后所要做的重要工作，最终要达到的效果、目的等，这部分一定要具体；四是结尾，结尾时要表明决心，展望未来，最后以感谢作为结尾。

就职演说对于新上任领导在人民心中的第一印象十分关键，所以成功的就职演讲必须具备以下特征：

第一，对症。就职者要面对现实生活中人民的切身利益对最需要解决的问题发表见解。

第二，真挚，有责任感。一个真挚的演讲者才能更好地带领大家创造美好的生活，演讲稿中注入了演讲者强烈而真挚的感情，将产生强大的感染力和号召力。约翰·肯尼迪的《就职演说》，全篇演讲都充分体现出了肯尼迪任重道远的责任感。

第三，简洁。就职演讲要主题集中、突出、层次少而有条理，语言准确、洗练，使听众一听就能够明白接受。

国家的自由不是由战争来铸就

——第 16 任美国总统亚伯拉罕·林肯

演讲背景：

亚伯拉罕·林肯是美国第 16 任总统，林肯的知识都是自学的，他做过律师、伊利诺伊州议员、美国众议院的代表。1865 年 4 月 14 日星期五晚上，他被暗杀于华盛顿的福特剧院。

美国独立后，黑人奴隶成为种植园奴隶主的私有财产，被剥夺了美国宪法规定的民众最大的权利——自由。北方广大劳动人民和黑人要求废除黑奴制。林肯领导的“废奴运动”是美国历史上一次具有进步意义的群众性的民主和自由运动，从制度上废除了奴隶制之后，美国的黑人第一次从法律上享有了自由的权利。

原文再现：

……

南部诸州的人民一定存有疑虑：共和党执政是否便意味着他们的财产、和平和人身安全都会遭到侵犯。这种疑虑是完全没有存在的合理性的。你要时刻谨记，事实是最有力的证据，它禁得住每个人的审视和检验。你们可以从他——这个现在站在你们面前演讲的人，在他所有的演讲中发现这一点，但是现在我只能从这些演讲中挑选一篇来表明我的观点。当时我发表宣言——我并不企图，直接或间接地去干涉蓄奴州的惯例，我相信我没有这样做的权力，并且也不试图这样去做。

提名和推选我的人很清楚，我已做了许多类似这样的声明，而且决不食言；不仅如此，在政纲宣言中，我已经接纳了选举人一项清晰、明确的决议，这对他们、对我都是一条法则，我现在宣读一遍。

决议：保持各州的权利不被侵犯，特别是各州自主管理的权利，这种权利平衡是必要的，它能够保证我们的政体在一种自我完善中承袭下去；我们公开抨击用非法武力侵犯各州土地的行为，不论如何辩解都是罪不可赦的。

我现在重申这些主张，只是向公众澄清一个最根本的事实，即将上任的政府不会蓄意侵犯任何一个地区的财产、和平和安全。还要补充一句，不论出于什么样的理由，只要各州的要求合法，政府都会高兴地给以宪法和法律的保护——平等地适用于各州。

对于遣返逃避服兵役和服劳役者这个问题有很多分歧。现在我宣布一个条款，这个条款和其他条款一样都被标注在宪法之中：

任何据一州之法律在该州中服役或服劳役之人逃往另一州，不能根据另一州任何法律或条例判决解除其服役或服劳役，而应依照有权要求该项服役或服劳役之当事一方的要求，把该人遣送。

毫无疑问，这一条款的订立者是要求归还我们通常所说的逃亡奴隶，法律制定者的目的就是维护自身利益。所有国会议员都宣誓拥护整个宪法——并且对其中条款一样遵守。因此，对于适合这一规定的奴隶“应该遣送”，他们的誓言是如出一辙的。现在，如果他们平心静气地做一番努力的话，为何不能用差不多相同的看法，去通过一项法律，使得这条宣誓长久地保存下去呢？

……

演讲知识：

演讲气场是演讲者表现出的一种气度和神韵，有气场就等于演讲成功了一半。孙中山先生就曾说：“演讲如作文然，以气为主，气贯则言之长短、声之高下皆宜。说到激动处，掷地作金石声。”可见，演讲体现出激荡人心的磅礴气势和磁性力量是多么重要。所以，演讲一定要具有气势之美。如果想在演讲中充分显示气势的力量，起码要把握以下三点：

第一，有理有据才气壮。演讲的气势效应来源于演讲者的智慧火花，对社会及人生百态的真知灼见，对事理创造性的阐发，使听众能明白事理，茅塞顿开。“理直气壮”这个成语就极好地诠释了有理有据气就壮、理不直气就难壮的深刻道理。演讲要想理直气状，还需要用气势磅礴的语言来表达，以加强演讲的表达力量，显示演讲的不凡气势。

第二，良好的修养使技精。我国古代孟子就十分重视气势方面的修养。他曾说："我善养吾浩然之气。"演讲可谓演讲者内心世界的表露和人格的再现。演讲的气势综合来源于演讲者的思想、道德、文化、情感等。要想充分发挥演讲的气势，演讲者就必须加强自身各个方面的修养和磨炼。网络红人杨心龙被誉为"演讲帝"，他在济南进行了 5 分钟的自由演讲，演讲题目是《阅读改变了我的灵魂》，他说"阅读不仅是一种乐趣，还是一种侵略"，他所说的这种侵略就来自家长、老师们，直接抨击如今的学校和家庭教育。他的演讲一开始，就有网友在微博上评论，称其演讲气场十足。看过他演讲的人都知道，在整个演讲过程中，他表情淡定自然，频繁在舞台上走动，语速飞快流畅，一只手握话筒，另一只手不停地做手势，可谓气势十足。

第三，演讲的气势必须与演讲的整体需要相协调。气势是演讲者的真情流露，不能是虚张声势。在气势的表达上要掌握好分寸，如果演讲气势表现为"过分"状态，很容易引起听众的逆反心理，进而影响演讲的效果。

行动起来，保卫我们自由的生活
——第 31、第 32 任美国总统富兰克林·D. 罗斯福

演讲背景：

富兰克林·D. 罗斯福于 1933 年当选为美国第 32 任总统，是美国历史上第一位残疾人总统。在就职演说中罗斯福用了“我们唯一不得不害怕的就是害怕本身”这一演讲主题，借以鼓励美国人民重振信心。在本篇演讲中，罗斯福全面宣布了他的经济挽救政策，并且阐明他的最终目标：保卫我们自由的生活。在罗斯福眼中，美国人最终的目标就是践行自由，即使参与“二战”，美国卷入战争，也是为了保障人民自由的权利。

原文再现：

……

幸福并不在于单纯地占有钱，还在于取得成就后的喜悦，在于创造性努力时的激情。务必不能再次遗忘劳动带来的喜悦和激励，而去疯狂地追逐那转瞬即逝的利润。如果这些暗淡的时日能使我们认识到，我们真正的天命不是要别人侍奉，而是为自己和同胞们服务，那我们付出的代价就完全是值得的。认识到把物质财富当作成功的标准是错误的，我们就会抛弃以地位尊严和个人收益为唯一标准来衡量公职和高级政治地位的错误信念；我们必须制止银行界和企业界常常把神圣的委托混同于无情和自私的不正当行为。难怪信心在减弱，因为增强信心只有靠诚实、荣誉感、神圣的责任感，忠实地加以维护和无私地履行职责，而没有这些，就不可能有信心。

但是，仅仅改变伦理观念是不够的，这个国家要行动起来，现在就行动起来。

我们最大、最主要的任务就是让人们工作。只要我们睿智、勇敢地去面对，这就不是一个无法解决的问题。政府本身的征募可以完成一部分，如临大敌一般地对待这个任务，同时通过此次雇用，我们还需要大批能够刺激并重组自然资源的工程项目。

与此同时，我们必须坦率地承认工业中心人口失衡的问题，通过全国范围的重新分配，努力使土地在最适合的人手中得到最好的利用。这个任务可以在努力提高农产品价值并以此购买城市产品的帮助下完成，也可以通过避免许多小家庭和农场由于丧失抵押品赎回权而带来越来越大的损失来完成；通过联邦、州、各地政府立即行动对要求降价的呼声做出回应来完成；通过将现在分散的、浪费的、不平等的救济活动统一起来来完成；通过对所有公共交通运输、通信及其他涉及公众生活的设施做全国性的计划及监督来完成。许多事情都有助于完成任务，但纸上谈兵毫无帮助。我们必须采取行动，迅速行动起来。

最后，在重新开始工作的过程中，我们需要两手设防，抵御旧秩序的恶魔再次袭来；严格监督银行、信贷及投资产业；终止利用他人的钱财投机倒把；供应足值完好的货币。

这些就是我们的反击政策。我要在特别会议上敦促新国会提出更为详细的措施以实现目标。而且，我还要向这十几个州请求迅速支援。

……

演讲知识：

动作会触动人的情绪，四肢的协调使用都会给我们带来不同的感受，我们的一举一动，哪怕是极其微小的表情变化，或者说是一个几乎不被人察觉的小动作，都会影响我们的感受。之前，我们已经讲过肢体语言——手势语，现在一起来看看站姿在演讲中的重要作用吧！

演讲时要注意站的位置和站姿。一上台，首先要站在每位听众都能看得到的地方，讲话中可以适当移动位置，不要老是躲在讲台后，如果条件允许的话，可到讲台前面让听众清楚地看到你的全身，以便拉近彼此间的距离。当你站在台前时，一定要挺胸收腹站直。想象一下，如果演讲者一上台就站得歪歪扭扭，会给人一种无精打采、情绪低落的感觉，让人感觉一点都不严肃、正式，这样还会有人愿意听吗？所以，在演讲时，首先要注意自己的站姿，争取给人留下一种精神饱满、胸有成竹的好印象。

一个优秀、成功的演讲者，演讲的每时每刻，不管他动还是不动，看起来都应当像一尊优美的雕像，给人健康、积极、潇洒的感觉。演讲站姿有以下几种：

我们在日常生活中普遍使用稍息式，这个动作大家都很熟知，它一般适用于演讲时间较长，需要短暂更换姿势，使身体在短时间里松弛，得到休息时，但建议演讲时不要太长时间单独使用，因为它会给人一种不严肃之感。

在演讲中用得最多的姿势是前进式，这种姿势运用起来比较灵活。它是右脚在前，左脚在后，由于这种姿势没有固定的重心，可伴随上半身向前倾与向后移的转变而分别定在前脚跟与后脚上，其不会由于长时间运用而使身体出现不美观的现象。

此外，还有立正式、丁字式等，这里就不一一说明了，建议大家在平时练习时站在一面镜子前自己感受。

我们努力于个人自由和全人类的幸福
——第 33 任美国总统哈里 · S. 杜鲁门

演讲背景：

第 33 任美国总统哈里 · S. 杜鲁门在总统任期内，于 1945 年对日本使用原子弹而使第二次世界大战迅速结束；1947 年提出“杜鲁门主义”；1948 年批准以扶植欧洲为目的的“马歇尔计划”；1953 年卸任回乡。此篇是其 1949 年 1 月 20 日的就职演说，这次就职典礼第一次通过电视转播。在就职演说中，杜鲁门提出一个大规模的国际方案，以给予拉丁美洲、亚洲、中东和非洲国家经济和技术援助，表明他的最终目标是美国人民和全人类的自由。随着第四点计划的实施，美国开始在国际事务中扮演一个新的角色。

原文再现：

……

在我履行职责的同时，我需要你们每一个人帮助我，为我祈祷。我需要你们的鼓励和支持。我们面临的任务很艰巨，只有团结一致才能够完成。每个历史时期我们的国家都有其特殊的挑战。我们当前面临的挑战和以前的并无二致。今天不仅仅标志着一个新的行政力量的诞生，也将是一个对我们、对世界都很重要甚至是决定性的日期。这或许就是我们的命运，去经历并且在很大程度上带来人类亘古历史上的一个主要转折点。本世纪前半叶历经了对人类权利史无前例的残忍攻击以及历史上两场可怕的战争。当今时代人们的最高需要就是学会和平、和谐地共同生活。

世界上的人们面对未来惴惴不安，既充满希望又忧心忡忡。在这个疑惑的时刻，他们前所未有地在美国寻求善意、强壮并且睿智的领导。

因此，我们切合时宜地利用这一机会向全世界宣布我们生活信念的基本原则，向所有的民族宣布我们的目标。

美国人民一直坚守着自始至终激励着这个国家的信念。我们相信法律面前人人平等，分享共同利益时人人的机会均等；我们相信人人都有思想和言论自由的权利；我们相信人生来平等，因为他们都是上帝根据自己的形象创造的。

拥有这个信念，我们将矢志不渝。

美国人民渴望世界上一切国家和人民都可以自由地自治，做自己认为适合的事，获得一种恰当并令人满意的生活，决心为这样一个世界努力。他们尤其渴望并决心为世界和平努力——一种公平持久的和平——以平等达成的真正认同为基础。

……

演讲知识：

在演讲过程中，我们经常需要运用事例来阐明观点、抒发情感。这样做，不仅可以使演讲内容更加充实，使主题思想更加深刻、有内涵，还能够强化表达效果，激发听众情感的强烈共鸣。

那么，怎样运用事例才更有效力呢？

首先，运用事例亲近听众。演讲是演讲者面对听众进行的一种信息交流活动，倘若听众与演讲者之间的心理距离太大，就会削弱演讲的现场效果。因此，有经验的演讲者往往善于巧用事例来亲近听众。这样的具体事例，会让听众真切地感受到一种语言亲和力和心理认同感，这无疑有助于演讲的顺利进行并取得实效。

这是著名学者周国平在上海温州商会发表题为《哲学的世界与企业家的世界》的演讲开场白中的话语：我认识温州人，就是从一个在巴黎长大的温州女子开始的。若干年前，她来找我，因为读了我写的《妞妞》，很喜欢，想跟我聊聊。我见了她，有三个惊奇：第一，惊奇她的漂亮，真是美女；第二，惊奇她的见识，跟我谈《妞妞》，谈别的事，都非常到位；第三，惊奇她的富有，当然没有你们富有，但比我富有得多，一个年轻女子，都是自己挣的。现在她是我们一家人的好朋友，我太太把她封为我的“干老婆”，我说你真狡猾，一开始就定性为“干”，没有发展前途了。不过，虽然是“干”，好歹是“老婆”，所以我和你们温州人还有点亲戚关系呢！

演讲者并未一开讲就进入正题，而是从对温州人的感受说起，在称赞了温州人的两大特点之后，他特意谈起了自己认识一个温州女子的过程和对该女子的印象，从而说明了自己与温州人之间的“亲戚关系”，十分幽默而又风趣。运用这样一个生动感人的事例，看似不关正题，实则并非多余。因为它一下子就亲近了听众，这就为接下来演讲者“言归正传”的讲座，做好了心理准备和情感铺垫。

其次，运用事例引出观点。不少演讲者喜欢在演讲的开头讲述一个事例，然后针对这个事例的思想内容进行阐发，从而引出自己的观点，为接下来的议论和说理奠定基础。

最后，运用事例阐发哲理。在演讲过程中，演讲者常常运用事例验证哲理，也就是先讲一些典型事例，再阐发其中蕴含的哲理。这样情理交融的表述，往往会让听众获得深刻的人生感悟。

我已到达顶峰

——美国民权运动领袖马丁·路德·金

演讲背景：

1967 年城市种族间暴力升级，马丁·路德·金对美国介入越南战争的公开批评，使得他与林登·约翰逊政府关系紧张。1967 年年底，马丁·路德·金发起了意在对抗经济问题的穷人运动，这项活动并没有得到早期民权革新运动者的支持。次年，在支持孟菲斯清洁工人的罢工中，他发表了最后的演讲《我已到达顶峰》。在这篇演讲中他慷慨陈词地借孟菲斯事件再次阐述了自己的梦想，对当时美国的现状进行了鞭挞。

原文再现：

……

现在将有一个奇怪的声明发布，因为世界已经是一团糟。国家已经病入膏肓。麻烦已渐现原形，困惑围绕在人们周围。这是一个奇怪的声明。但是我只知道，不管怎样，只有最黑暗的时候你才可以看见最亮的星星。我已经在20世纪的这个阶段看见了上帝，用一种人们敬仰的方式，世界已在悄悄变化着。

大量的人们聚集。不管他们在哪里聚集，不管是不是南非约翰内斯堡、内罗毕、肯尼亚、加纳首都阿克拉、纽约市的佐治亚州亚特兰大市、杰克逊、密西西比，或田纳西州孟菲斯——他们的呐喊始终是相同的——“我们需要自由”。

另一个我喜欢生活在这个时代的原因是，我们已经被迫到达一个问题的关键点，在那里我们将要处理一些问题，这些问题就是人们必须经过历史处理的问题，但是要求人们是自愿非强迫的。生存需要我们解决这些问题。人们一直以来都在讨论战争与和平，但是现在人们不再只是讨论一下而已了。现在讨论暴力非暴力已是不现实的了，已经不存在了。这就是我们今天所处的形势。

在人们争取权利的改革中，如果有些事情没有做，或者是匆匆完成的，比如说帮助有色人种摆脱贫困，摆脱长久被歧视的困境，整个世界是黑暗的。现在，我仅仅感觉上帝让我生活在这样一个时代，来看看世间还有美好和幸福。我很高兴他允许我在孟菲斯。

我们并不是要和什么人进行任何消极的抗争以及进行任何消极的争吵，我们只是想说我们要做人，我们只是决心要做真正的国民。我们只是想说——我们只是想说我们都是主的子民，正因为如此，正因为我们都是主的孩子，所以我们不要在压迫下活下去。

……

演讲知识：

演讲是否成功，听众是决定性因素。在前面的演讲知识中，我们几乎都讲到了，如何演讲才能吸引听众、打动听众。毫无疑问，这就要求每一个演讲者的演讲有很强的说服力与感染力，可做到这一点往往很难。试想一下，如果别人能站在我们的角度思考问题，我们是不是会很乐意接受对方的观点和见解呢？毫无疑问，确实是这样的。所以，演讲时，演讲者一定要站在听众的角度思考、分析问题，因为这样的演讲往往更能以情感人、以理服人。那么，在演讲中，怎样从听众角度进行思考与分析呢？一般认为有以下几点：

首先，演讲者一定要设身处地地为听众着想。

先来听个小故事吧。有一次，爱默生和儿子想把一头小牛拉进谷仓里。父亲用力推牛，儿子用力拉，可是，很奇怪，那头小牛却死活不肯进入谷仓。这时，家里的用人看到了这一幕，虽然她不会写什么散文，更没有很高的学问，但很了解牛的脾气禀性。她把自己的手指放进了小牛嘴里，一面让它吸吮，一面轻轻地把它推入谷仓里。看完这则故事，大家都能看出来，爱默生父子犯了一个错误，只想着自己要做的事，却忽略了牛的需要，所以无论如何，小牛也不愿意被他们牵着走。

我们演讲时也一样，只有设身处地地为他人着想，激发并满足他人强烈的需求，才能成就自己。如果我们只想到自己需要的，自己想说的，而把别人的需要置之不理，不但自己会讲得很累，听的人也会感觉特别枯燥。

其次，演讲者要引导听众，使其身临其境。

在现实生活中，演讲者与听众所处的地位和境遇或多或少总有不同，因此，容易造成听者认为演讲者缺乏对对方的生活经历与情感的体验，但如果演讲者能引导听众身临其境，那么就能深刻地了解对方，从而达到心灵以及行动上的融洽。

有一次上海某工厂新分来了一批失足青年进厂工作。在接待这些失足青年时，该厂厂长发表了简短却感人的演讲："我热烈欢迎你们到厂里来，共同为振兴我厂工作。你们用不着把过去的情况对我讲……我理解你们，只要你们努力工作，好好学习，我一律平等、一视同仁！"这位厂长设身处地地讲出了失足青年的心里话，其演讲像一颗定心丸，给了失足青年开拓明天、争取新生的勇气与信心，因而也就取得了比较好的演讲效果。

自由是我们留给子孙·最好的礼物

——美国总统奥巴马

演讲背景：

奥巴马是美国历史上第一位黑人总统，2007 年 2 月 10 日，他以侧重完结伊拉克战争及实施全民医疗保险制度为竞选纲领，正式宣布参加 2008 年美国总统选举，并于同年 11 月 4 日正式当选。美国当地时间 2008 年 1 月 20 日上午 12 点 05 分(北京时间 21 日凌晨 1 点 05 分)，第 44 任美国总统奥巴马发表了就职演说，就职时正值美国因伊拉克战争陷入危机，在演说中奥巴马重申美国的自由政策。由于奥巴马是美国历史上第一位黑人总统，所以自一开始奥巴马就备受关注，奥巴马的当选也标志着黑人自由权利的进一步普及。

高效演讲

原文再现：

……

现在我们都深知，我们身处危机之中。我们的国家在战斗，对手是影响深远的暴力和憎恨；国家的经济也受到严重的削弱，原因虽有一些人的贪婪和不负责任，但更为重要的是我们作为一个整体在一些重大问题上决策失误，同时也未能做好应对新时代的准备。

我们的人民正在失去家园，失去工作。社会的医疗过于昂贵，学校教育让许多人失望，而且每天都会有新的证据显示，我们利用能源的方式助长了我们的敌对势力，同时也威胁着我们的星球。

统计数据的指标传达着危机的消息。危机难以测量，但更难以测量的是其对美国人国家自信的侵蚀——认为美国衰落不可避免。我们的下一代必须低调的言论正在吞噬着人们的自信。

今天，我要说，我们的确面临着很多严峻挑战，而且在短期内不大可能轻易解决。但是我们要相信，我们一定会渡过难关。

今天，我们在这里齐聚一堂，因为我们战胜了恐惧而选择了希望，摒弃了冲突和矛盾而选择了团结。

今天，我们宣布要为无谓的摩擦、不实的承诺和指责画上句号，我们要打破牵制美国政治发展的若干陈旧教条。

美国仍是一个年轻的国家，借用《圣经》的话说，放弃幼稚的时代已经到来了。重拾坚韧精神的时代已经到来，我们要为历史做出更好的选择，我们要秉承历史赋予的宝贵权利，秉承那种代代相传的高贵理念：上帝赋予我们每个人以平等和自由，以及每个人尽全力去追求幸福的机会。

在重申我们国家伟大之处的同时，我们深知伟大从来不是上天赐予的，伟大需要努力赢得。我们的民族一路走来，这旅途之中从未有过捷径或者妥协，这旅途也不适合胆怯之人、爱安逸胜过爱工作之人或者单单追求名利之人。这条路是勇于承担风险者之路，是实干家、创造者之路。这其中有一些人名留青史，但是更多的人却在默默无闻地工作着。正是这些人带领我们走过了漫长崎岖的旅行，带领我们走向富强和自由。

……

演讲知识：

大家可能都知道，奥巴马的演讲之所以令人难以忘怀有三点技巧。这三点技巧似乎贯穿了他所有的演讲。下面一起来探讨这三点技巧：

第一，在演讲中灵活使用修辞手法，如重复。我们将这种技巧称为“首语重复”——在一连串句子的开头重复同一个词或短语。因为巧妙地使用“重复”有助于清楚地强调一个理念并让它容易被记住。关于重复的一个最好例子就在马丁·路德·金的著名演讲之中。例如：“我有一个梦想，有一天……”“我有一个梦想，有一天……”“我有一个梦想，有一天……”。2004年奥巴马以民主党全国代表大会上的一篇震撼四座的演讲而声名鹊起，其中就有效地运用了“重复”。上述例子也显示出，奥巴马喜欢把观点归集为三个一组。事实证明，重复三次，更容易让听众产生认同感。

第二，明暗色彩。奥巴马的竞选演说中使用了不同的感情色彩：或欢快，或幽默，或严肃，或亲密，或坚定。这样的语言变换能牢牢地把听众吸引住。大家可以仔细品读他的演讲稿，从他的演讲中学习这些技巧。

第三，为听众描绘一幅形象的图画，通过具体、有形的语言把听众带入语境中，这也是演讲中不可或缺的一条金科玉律。例如：奥巴马的演讲中有这样一句话“即使今晚，我们站在这里，我们也知道，那些勇敢的美国人行进在伊拉克的戈壁滩上，行进在阿富汗的崇山峻岭中，用他们的生命，为我们冒险”。

原子能时代的和平

——现代物理学的开创者、奠基人阿尔伯特·爱因斯坦

演讲背景：

阿尔伯特·爱因斯坦是现代物理学的奠基人，他因在光电效应方面的研究成果于 1921 年荣获诺贝尔物理学奖。他崇尚科学与民主，追求真理和光明，毕生致力于国际和平事业。第二次世界大战后，爱因斯坦奔走呼告，要求限制使用核武器。本篇演讲是爱因斯坦于 1950 年 2 月 12 日在美国发表的电视演说，阐述了核武器对人类的威胁，呼吁美苏放弃武力。

原文再现：

我非常庆幸能有机会对这个最重要的政治问题发表见解。就现今的军事技术发展的情况而言，想通过加强军备来保障国家安

全的概念，只是一个会招致大祸的幻想。就美国而言，因它率先研制出了原子弹，故而也最容易抱此幻想。普遍的看法就是，美国最终可能取得决定性的军事优势地位。

这样一来，任何潜在的对手都会害怕，因此大家共同期盼的安全保障就会来到我们乃至全人类身旁。我们近五年来一直恪守的座右铭，简单地说就是：不惜一切代价，通过强势的军事力量获得安全保障。

美、苏军备竞赛的初衷是防止战争的发生，现在却已显出狂躁的性质了。在保障安全的漂亮幌子下，双方都以狂热的速度完善其大规模破坏性武器。在公众心目中，氢弹的研制似乎已是可以实现的目标了。

从技术角度而言，假如真的制造出氢弹，大气层可能会遭到放射性污染，并可能导致地球上所有生命灭绝。可怕的是，这种发展显然已经成为一种无法遏制的态势。有了第一步，就必然导致第二步的出现，最终越来越明显地导致全人类的灭亡。

我们还能在这个人类制造的死局中找到出路吗？我们所有的人，尤其是那些美国和苏联的决策者们，应该明白我们也许可以战胜外界的敌人，但战争带来的那种心理状态，却是我们无力消除的。

如果每走一步都预想到将来可能发生冲突，那么我们就不能奢望和平的到来。因而，指导所有政治活动的原则就是问自己：我们该做什么才能实现国与国之间的和平共存，甚至真诚合作呢？

首要问题就是解除双方的畏惧和猜忌。毫无疑问，庄严地声明放弃使用武力（不仅指放弃大规模的破坏性武器）是不可缺少的。

然而，要想有效地杜绝使用武力，必须同时成立一个超越国家的司法和执行机构，赋予它权力来决定与各国安全密切相关的问题。即便仅仅是各国发表联合声明，保证精诚合作，实现这样一个“权力有限的世界政府”的成立，也会大大降低发生战争的危险。

总之，相互信任是人类和平合作的首要基础，法庭与警察机关之类的机构只是其次。个人交往如此，国家关系也是如此。而信任的建立就在于忠实的给予和索取。

演讲知识：

大家听过近义连缀这种演讲知识吗？它是近义词语的一种特殊的反复和组合形式，其通过义近的词、词组、句子等的穿插连缀，不仅避免了简单重复的弊端，又增强了演讲词的表现力和感染力。我们来看看近义连缀的几种方法：

第一，以并列式的连缀来增强表现力，逻辑上呈现“A + B + C”的并列结构关系，这就是并列式的近义连缀形式。如帕特里克·亨利的演讲词“我们已毫无退路，除非甘愿忍受屈辱与奴役，囚禁我们的锁链已经铸就，波士顿草原上已经响起镣铐的叮当声”——句中的“锁链”与“镣铐”即是近义连缀词，构成一种复杂回环的音节美，极具表现力，增强了演讲的鼓动性。当然，三个或三个以上近义短句的连缀更能使文章抑扬顿挫，因此也更富于表现力。

第二，用对比式的连缀来增强表现力，即“A=B=C”的近义连缀形式。如歌德在《莎士比亚纪念日的讲话》中“当然各人按照自己的尺度（走路），这一个带着最结实的旅杖动身，而另一个却穿上了七里靴，并赶过前面的人，后者的两步就等于前者一天的行程”一句，“旅杖”和“七里靴”都是帮助人行走的工具，是近义的。当将二者分别作为庸庸无为者与跋涉不止者的象征时，二者在不同叙述句中，便获得不同的比喻义，从而形成鲜明的对比，给人以深刻印象。

第三，以递进式的连缀来增强表现力，即“A—B—C”的形式。如玻利瓦尔的《在国民议会上的演说》中“原先的法律是古代与现代一切专制主义的有害残余，要让这座丑恶的大厦坍塌、倾倒，连它的废墟都搬掉，由我们来建造一座正义的宫殿”，其中“坍塌”到“倾倒”，这两个近义词层层递进，加强了语势和力度，具有动态表现力。

要使科学造福于人类，而不是成为祸害

——现代物理学的开创者、奠基人阿尔伯特·爱因斯坦

演讲背景：

本文是爱因斯坦于 1931 年 2 月 16 日在美国加利福尼亚理工学院的讲话，讲稿最初发表在 1931 年 2 月 17 日的《纽约时报》上。最初《纽约时报》上用的标题是《科学和幸福》。“在科学领域中，对人的生命和尊严的维护与尊重”的原则，既不阻碍科技的发展，又加以约束，保证科学技术用来造福人类。

演讲正文：

看到你们这支以应用科学作为自己专业的青年人的兴旺队伍，我感到十分高兴。

我可以唱一首赞美诗，来颂扬应用科学已经取得的进步，并

且无疑地，在你们自己的一生中，你们将把它更加推向前进。我之所以能讲这样一些话，那是因为我们是生活在应用科学的时代和应用科学的家乡。但是我不想这样来谈，我倒想起一位娶了一个不称心的妻子的小伙子，当人家问他是否感到幸福时，他回答说："如果要我说真心话，那我就不得不扯谎了。"

我的情况也正是这样。试设想，一个不很开化的印第安人，他的经验是否不如通常的文明人那样丰富和幸福？我想并不如此。一切文明国家的儿童都那么喜欢扮"印第安人"玩，这是值得深思的。

这样了不起的应用科学，它既节约了劳动，又使生活更加舒适，为什么带给我们的幸福却那么少呢？坦率的回答是，因为我们还没有学会怎样正当地去使用它。在战争时期，应用科学是人们相互毒害和相互残杀的手段；在和平时期，科学使我们生活匆忙和不安定。它没有使我们从必须完成的单调的劳动中得到多大程度的解放，反而使人成为机器的奴隶。绝大部分人一天到晚厌倦地工作着，他们在劳动中毫无乐趣，而且经常提心吊胆，唯恐失去他们一点点可怜的收入。你们会以为在你们面前的这个老头子是在唱不吉利的反调。可是我这样做，目的无非是向你们提一点忠告。如果你们想使你们一生的工作有益于人类，那么，你们只懂得应用科学本身是不够的，关心人的本身，应当始终成为一切技术上奋斗的主要目标；关心怎样组织人的劳动和产品分配这样一些尚未解决的重大问题，用以保证我们科学思想的成果会造福于人类，而不致成为祸害。

在你们埋头于图表和方程时，千万不要忘记这一点！

演讲知识：

朋友们，演讲如果平铺直叙，一篇演讲下来感觉和白开水一样，平淡而无趣，很难激起听众的情绪与共鸣，甚至还会像催眠似的让人昏昏欲睡。大家可能都有这样的体会，当我们听到没有任何悬念和转折的故事时，总提不起劲儿，但如果这个故事跌宕起伏，一波三折，那我们肯定会一直想听下去，而且越听越起劲儿。像讲故事一样，演讲也不例外。那么，我们如何才能使演讲波澜起伏、引人入胜呢？最巧妙的技巧便是巧用“转折”。转折大家肯定都知道，我们课本里学到的“虽然……但是……”或“可是”“然而”“却”等词连接而成的转折句式便可起到转折作用。但千万不要以为只要学会运用这些转折词就够了，要“转”得巧妙并非易事。下面我们就来分析一下“转折”的技巧：

第一，开头即“转”，开头就引起波澜是直接开头的一种好方法。例如，雨果在纪念法国思想家伏尔泰百年祭日的演说中便这样开头：“他一百年前就死了，但其灵魂却永垂不朽。”一个“转折”句不仅引出了对伏尔泰的赞颂与评价，更像微风轻抚了听众心中的一池春水。这样的演讲一开头就震惊四座，有力地掌握了主动权，为下面的演讲铺平了道路。

第二，直言“转”变，这种转折是在直击主题后，又用一些词，如“当然”“不过”等来替代“但”，进而为前面的演讲内容做补充。正如邓小平同志于1985年在军委扩大会议上说：“一个部，顶多4个部长就够了嘛，更不要说司局了……”听到这里，听众的情绪都异常紧张，他却突然一转说：“当然，前5年有个交替的问题，有5年到10年的过渡时间。”邓小平这种把人们的思维荡出又拉回的方式，使听众的情绪波澜起伏。

第三，峰回路转，这种转折与上面所说的第一条一样，都是用在演讲开头，所不同的是，它往往要在“拐弯”之前先虚铺一段路，然后再急转弯回到正路上来。我们可以从上面爱因斯坦的这篇《要使科学造福于人类，而不是成为祸害》中看出。

第四，转折点睛，这一条大家应该经常见到。富有哲理的演讲往往更引人沉思。而演讲的高手往往擅长用转折句式来“点睛”，以此串起全文，掀起一个个情感波澜。

当然，还有一些别的转折方法，这里不一一介就绍了。大家一定要知道，转折不能滥用，一定要为其主旨服务，否则不仅不会给演讲增色，还容易把听众带入迷途。

美国复兴的新时代

——第 42 任美国总统威廉·杰斐逊·克林顿

演讲背景：

1992 年 11 月 4 日凌晨，四年一度的美国总统大选最终揭晓，46 岁的威廉·杰斐逊·克林顿击败 68 岁的乔治·布什荣任美国第 42 任总统。克林顿总统向世人庄严宣告，这是“一个伟大的开端”，它将实现“变革”诺言，重振美国雄风。他之所以能获选，主要是因为他的竞选策略专注于国内问题，特别是当时陷入低谷的美国经济。他的竞选总部曾经张贴出一句非常著名的标语：“笨蛋，问题是经济！”本篇是 1993 年 1 月 20 日克林顿总统的就职演说。

原文再现：

现在是破除只求向政府和别人免费索取的恶习的时候了。让我们大家不仅为自己和家庭，而且为社区和国家担负起更多的责任吧！

我们要复兴美国，就必须恢复我们民主制度的活力。这个美丽的首都，就像文明的曙光出现以来的每一个首都一样，常常是尔虞我诈、明争暗斗之地。大腕人物争权夺利，没完没了地为官员的更替、升降而烦神，却忘记了那些用辛勤和汗水把我们送到这里来，并养活了我们的人。

美国人理应得到更好的回报。在这个城市里，今天有人想把事情办得更好一些。因此，我要对所有在场的人说，让我们下定决心改革政治，使权力和特权的喧嚣不再压倒人民的呼声。让我们撇开个人利益，这样我们就能深究美国的病痛，并看到它的希望。让我们下定决心，使政府成为富兰克林·罗斯福所说的进行“大胆而持久的试验”的地方，成为一个面向未来而不是留恋过去的政府，让我们把这个首都归还给它属于的人民。

我们要复兴美国，就必须迎接国内外的种种挑战。国外和国内事务之间已不再有明确的界限——世界经济、世界环境、世界艾滋病危机、世界军备竞赛，这一切都在影响着我们大家。

……

我们在国内进行重建的同时，面对这个新世界的挑战不会退缩不前，也不会坐失良机。我们将同盟友一起努力进行变革，以免被变革所吞没。当我们的重要利益受到挑战，或者当国际社会的意志和良知受到蔑视，我们将采取行动——可能时就采用和平外交手段，必要时就使用武力。

今天，在波斯湾、索马里和任何其他地方为国效力的勇敢的美国人，都证明了我们的决心。

但是，我们最伟大的力量是我们思想的威力，这些思想在许多国家仍然处于萌芽阶段。看到这些思想在世界各地被接受，我们感到欢欣鼓舞。我们的希望，我们的心，与每一个大陆正在建立民主和自由的人们是连在一起的。他们的事业也是美国的事业。

美国人民唤来了我们今天所庆祝的变革。你们毫不含糊地齐声疾呼；你们以前所未有的人数参加了投票；你们使国会、总统职务和政治进程本身全都面目一新。是的，是我们，我的美国同胞们，促使春回大地。

……

演讲知识：

不可否认，竞职演讲是演讲中很重要的一种，在竞职演讲中，也有一些技巧问题。它除了要求演讲者具备良好的心理素养和超强的语言表达能力外，还要求演讲者充分了解竞争对手、听众、临场突发状况等多种因素。当然，这并不是说可以去诋毁竞争对手而赢得竞选，这种演讲即使是赢了，也得不到听众的好感。演讲者应该用据理力争的方式暗示：“他行，我更行。”竞职演讲成功要注意以下三个要素：

第一，内容一定要新奇。在我们的演讲过程中，要牢牢抓住听众的猎奇心理，不仅要把自己的人格魅力及为人处世等和盘托出，也要实事求是地把自己所取得的成绩亮出，千万不要夸大。在谈到“为人处世”等方面时，一定要表现出自己总会站在他人的角度，为他人着想，并主张实干精神，避免浮夸等。辞藻可平淡可华丽，但立意一定要深刻，针砭时弊。

第二，谦虚是一种人格魅力，它在竞职演讲中尤为重要。想想，即便我们学习成绩再好，哪怕自己的本事再高，年龄最小，在学校或班级担任职务级别最高，又与其他人处于一致的特定场合，我们也一定要谦虚。否则，就会给人造成“自高自大、狂妄至极、目空一切”的不良印象。用谦虚的口吻演讲，既消除了听众认为“浮夸吹牛、狂妄自大、盛气凌人”的感觉，使观点易于被听众接受，又衬托出了自己强烈的责任心，可谓一箭双雕。

第三，竞职演讲的全过程，其实是候选人之间就未来推行的施政目标、施政构想、施政方案进行比较与选择的过程。竞职演讲除了基本素质条件之外，实际上更重要的是其施政目标与施政措施的竞争。演讲时应在此处压倒对方，只有具备了明确、先进的施政目标，并有切实可行的施政措施来保证，才会取得竞争的成功。

地球在转动

——意大利物理学家、天文学家、哲学家伽利略

演讲背景：

伽利略是第一个制造并使用天文望远镜的人，他论证了地球的自转和地球绕太阳公转。他还通过实验，发现了落体定律、物体的惯性定律、摆振动的等时性、抛射体运动规律，以及物体运动的相对性原理等，从而奠定了近代实验物理学的基础，为牛顿建成力学大厦准备了材料，被人们誉为“当代的阿基米德”。

此篇演讲是伽利略为维护哥白尼学说被教会判罪囚禁前一年即 1632 年发表的演讲。据记载，三百多年以前，伽利略接受罗马教廷的审判，当他被迫承认地心说的时候，有人说，伽利略喃喃自语道：“可是地球仍然在动啊！”

原文再现：

昨天我们决定在今天碰头，把那些自然规律的性质和功用谈谈清楚，并且尽量谈得详细一点。关于自然规律，到目前为止，一方面有拥护亚里士多德和托勒密立场的人提出的那些，另一方面还有哥白尼体系的信徒提出的那些。

哥白尼把地球放在运动的天体中间，说地球是像行星一样的一个球，因此我们的讨论不妨从考察逍遥学派攻击哥白尼这个假设不能成立的理由开始，看看他们提出些什么论证，论证的效力究竟多大。

在我们的时代，的确有些新的事情和新观察到的现象，如果亚里士多德现在还活着的话，我敢说他一定会改变自己的看法。这一点我们从他自己的哲学论述方式上，也会很容易地推论出来，因为他在书上说天不变等，是由于没有人看见天上产生过新东西，也没有看见什么旧东西消失。言下之意，他好像在告诉我们，如果他看见了这类事情，他就会得出相反的结论。他这样把感觉经验放在自然理性之上是很对的。如果他不重视感觉经验，他就不会根据没有人看见过天有变化而推断天不变了。

如果我们是在讨论法律上或者古典文学上的一个论点，其中不存在什么正确和错误的问题，那么也许可以把我们的信心寄托在作者的信心、辩才和丰富经验上，并且指望他在这方面的卓越成就能使他把他的立论讲得娓娓动听，而且人们不妨认为这是最好的陈述。但是自然科学的结论必须是正确的、必然的，不以人们的意志为转移的，我们讨论时就得小心，不要使自己为错误辩护。因为在这里，任何一个平凡的人，只要他碰巧找到了真理，那么一千个狄摩西尼和一千个亚里士多德都要陷于困境。所以，辛普利邱，如果你还存在着一种想法或者希望，以为会有什么比我们有学问得多、渊博得多、博览得多的人，能够不理会自然界的实况，把错误说成真理，那你还是断了念头吧！

……

演讲知识：

在众多的学术交流中，学术演讲是应用最普遍、效果最直接的交流方式之一。各种学术会议的专题报告、课题汇报、结题鉴定，甚至课堂教学等，都是学术演讲的大舞台。近年来，学术演讲渐渐多起来了，好多学术演讲现在近似于戏说。大家都知道，学问是一件十分严肃的事情，演讲中一定不要因为讲得一时兴起，就信口开河、胡编乱造。

如果演讲者对某个问题有一些新颖的认知和论证，一定不要一味地只想展示自己的优势，也不要试图掩饰自己在某些方面的不足。孟德斯鸠曾说，写作一本书不能太“满”，要给读者留些思考的空间。演讲亦如此，最好不要讲得过于完整，让听众在听的过程中多了思考环节的演讲才具有学术探讨的特征。

在学术演讲中，演讲者在现场与听众之间的互动是学术演讲的最大魅力。把简单的问题敏捷地转为一个更有学术意义的问题加以讨论，往往会获得令人意想不到的效果。演讲者在表达与提问者的不同观点时，要尽可能避免直接挑战提问者。回答问题时，你要面对提问者，除了语言之外，眼神也在交流。特别忌讳的是，对于口头提问者看都不看一眼，那会给人一种不尊重提问人的印象。

大家可以试着把自己在看书过程中获得的体会或见解分享给几位朋友听，并试着在讨论课上当着同学们的面对一个问题做系统的阐述，把你的疑惑甚至紧张展现给大家，你会发现，你正在走向成功。

大家或许也见过许多成功的学术演讲，也见过一些很枯燥乏味的学术演讲。其实，学术演讲不是学术论文的机械性背读，它是一个包括信息转换、媒体转换、环境营造等的过程。

登月后在国会的讲话

——美国宇航员、世界上第一位登上月球的人阿姆斯特朗

演讲背景：

经过十年的不懈努力，美国在太空方面终于有所成就。三名航天员于 1969 年 7 月 20 日登上了月球。阿姆斯特朗和埃德温·奥尔德林驾驶的登月舱降落在月球表面。阿姆斯特朗成为第一个踏上月球的人，他说了一句很有名的话："对一个人来说那是一小步，对人类来说却是一大步。"三名航天员回到地球后几个星期，阿姆斯特朗于 1969 年 9 月 16 日在国会联席会议上发表了讲话。

原文再现：

我们在月球的宁静海着陆，当时正是月球凉爽的清晨，颀长的影子有助于我们观察。

太阳只升到地平线十度，在我们停留期间，地球自转了将近一圈，宁静海基地上的太阳仅仅上升了十一度，这只是月球上长达一月的太阴日的一小段。这令人有一种双重时间的奇特感，一种是人间争分夺秒的紧迫感，另一种是宇宙变迁的冗长步伐。

两种时间感都很明显。第一种可用日常飞行来说明，其计划和措施细微到以瞬息来计算；第二种可用我们周围的岩石来说明，自从人类有史以来它们一直没变。它们三十亿年的奥秘，正是我们所要寻找的宝藏。

登月舱“鹰”的饰板上有这样一句话，凝练地表达了我们的愿望：

公元一九六九年七月来自地球的人首次在这里登上了月球。

我们是为了全人类的和平而来的。人类的一千九百六十九个年头构成了春分点留在双鱼座两千年的大部分，而这只是黄道带的十二分之一。它是根据地球轴的岁差计算出来的，春分点在黄道带中移动一周需要一千代人的时间。

未来的两千年是春分点逗留在宝瓶座的时期，我们的青年会在这一时期满怀希望，人类也许能开始了解最令人迷惑不解的奥秘：我们向何处去？事实上地球正以每小时几千英里的速度朝武仙座方向宇宙中的未知目的地运行。人类必须了解宇宙，以便了解自己的命运。

但是奥秘是我们生活中必不可少的。

奥秘引起惊奇，而惊奇则是人们求知欲的基础。谁能知道，在我们这一生能解答什么样的奥秘，新的一代又将面临什么新的奥秘的挑战？科学还不能准确预言。我们对下一年的预测过多，而对今后十年的预测却太少。对挑战做出反应正体现了民主的伟大力量。我们在太空方面取得的成就使我们有希望把这种力量用来解决今后十年地球上的许多问题。

……

演讲知识：

个人自我介绍在日常生活中起着十分关键的作用，人们首次见面、面试时的自我介绍都是一个重要的环节。当然，在演讲中，如果恰当地介绍自己也会有意想不到的惊喜，它在演讲中所占的时间很短，只需要一两分钟就能发挥重大的作用，迅速给听众留下美好、深刻的印象。精彩的自我介绍一定要自信满满，语言通俗精练，口齿清楚，适当用些幽默感更好。但是很多人在做自我介绍时却漏洞百出，常出现一些问题，如时间太短，一两句话就介绍完了，没有充分利用别人给你的时间；所说的内容过于零散，思维一会儿东，一会儿西，想到哪儿说到哪儿：有些人话语中还带有太多口头禅，如：嗯、啊、也许……给听者留下了思维不集中、没有目的的不良印象；所说内容大多是个人对自己的看法，不客观，不是事实。

要知道，演讲的目的不仅是要把自己的观点灌输到听众的头脑中，并得到听众的认同，还要让听众对自己印象深刻。那么，如何自我介绍才能给听众留下美好的印象呢？

首先，要充满自信。自信心是每个人奋发向上的动力，它就像助你飞翔的翅膀，有了它，人们才能飞得更高更远。任何时候，我们都要自信，而一场演讲的竞赛首先是自信心的较量。因为一个自信心强的人更会让人觉得是有血有肉的人。

其次，我们每次听到的自我介绍好像都是在报户口，在做个人简历。比如：“我的名字是某某，于某年某月某日出生，我的爱好是某某，曾得到某某荣誉称赞，等等。”可是，这如铺地毯式的介绍着实令人乏味，更别说给人留下深刻印象了。如果演讲者这么做介绍，那么大家可能就不想再听下去了。精练的自我介绍，要用灵魂的语言展现闪光多彩的自己。比如：“我叫某某，打小在风景如画的海边成长，我爱大海，也爱那些不畏暴风雨勇敢搏击的海燕，我要永远为自己的理想翱翔于大海之上。”

再次，自我介绍时切记要口齿清楚。如果演讲时，你的话语含糊不清，别人还得努力竖起耳朵听，就是再精彩的语言也吸引不了人。

最后，如果我们自我介绍时，有点幽默感就更能锦上添花了。心理学家凯瑟琳曾说：“如果你能使一个人对你产生好感，那么，也就可能使你周围的每一个人，甚至是全世界的人，都对你产生好感。只要你不是到处和人握手，而是以你的友善、睿智、风趣幽默去传播信息，那么空间距离就会消失。”因为人们在捧腹大笑中便不知不觉地把演讲者铭记在了心里。

科学的春天：在全国科学大会闭幕式上的讲话

——中国现代著名学者、文学家、社会活动家郭沫若

演讲背景：

1977年9月18日，中共中央发出通知，决定在1978年春天召开全国科学大会。1978年3月18日至31日，全国科学大会如期在北京举行。大会闭幕时，86岁高龄的中国科学院院长郭沫若发表了书面讲话《科学的春天》，并由著名播音员虹云当场朗读，读完后，会场上顿时响起一阵阵雷鸣般的掌声。从此，这篇书面讲稿就成为中国科学发展史上的名篇力作。

原文再现：

……

科学是讲求实际的。科学是老老实实的学问，来不得半点虚假，需要付出艰巨的劳动。同时，科学也需要创造，需要幻想，有幻想才能打破传统的束缚，才能发展科学。科学工作者同志们，请你们不要把幻想让诗人独占了。嫦娥奔月、龙宫探宝、《封神演义》上的许多幻想，通过科学，今天大都变成了现实。伟大的天文学家哥白尼说：人的天职在勇于探索真理。我国人民历来是勇于探索，勇于创造，勇于革命的。我们一定要打破陈规，披荆斩棘，开拓我国科学发展的道路。既不异想天开，又实事求是，这是科学工作者特有的风格，让我们在无穷的宇宙长河中去探索无穷的真理吧！

我祝愿我们老一代的科学工作者老当益壮，为我国科学事业建立新功，为造就新的科学人才做出贡献。

我祝愿中年一代的科学工作者奋发图强，革命加拼命，勇攀世界科学高峰。你们是赶超世界先进水平的中坚，任重而道远。古人尚能“头悬梁，锥刺股”，孜孜不倦地学习，你们为了共产主义的伟大理想，一定会更加专心致志，废寝忘食，刻苦攻关。赶超，关键是时间。时间就是生命，时间就是速度，时间就是力量。趁你们年富力强的时候，为人民做出更多的贡献吧！

我祝愿全国的青少年从小立志献身于雄伟的共产主义事业，努力培育革命理想，切实学好现代科学技术，以勤奋学习为光荣，以不求上进为可耻。你们是初升的太阳，希望寄托在你们身上。

革命加科学将使你们如虎添翼，把老一代革命家和科学家点燃的火炬接下去，青出于蓝而胜于蓝。

我的这个发言，与其说是一个老科学工作者的心声，不如说是对一部巨著的期望。这部伟大的历史巨著，正待我们全体科学工作者和全国各族人民来共同努力，继续创造。它不是写在有限的纸上，而是写在无限的宇宙之间。

春分刚刚过去，清明即将到来。“日出江花红胜火，春来江水绿如蓝。”这是革命的春天，这是人民的春天，这是科学的春天！让我们张开双臂，热烈地拥抱这个春天吧！

演讲知识：

郭沫若曾说：“语言除意义外，应该要追求它的色彩、声调、感触。同义的语言或字面有明暗、硬软、响亮与沉郁的区别。”

演讲主要是以声音为主要媒介手段来传播，这就对语音的要求十分高，演讲者不仅要能准确无误地展现自己丰富机智的思想感情，还要爽心悦耳，清柔优美。不知道大家有没有这样的经历，当听到错误的发音时，就会觉得这场演讲很乏味，还会对这个人产生负面的印象。那么，最佳的声音应该是什么样的呢？如：咬字正确清晰，语气语调得当，节奏优雅自然；声音清澈洪亮、有力、悦耳；语调轻重缓急，随感情变化而转变；等等。

记得小时候，被老师提问问题或是上讲台发言时，都会心跳加快、声音发抖，也许，很多朋友也有过类似经历。那么，演讲者演讲时应如何控制语音呢？

首先，演讲时声音一定要给力，听众离得越远，演讲者的声音就要越高，以保证让在场的每位听众都听到。当演讲者把声音传向远处时，就会自然地调高音量。但要注意一定不能为了高音而声嘶力竭，要掌握好分寸。平日里，演讲者可结合生活进行练习，这样可以为准确地吐字、发声打好基础。如果可以的话，演讲最好能有扩音设备。

其次，演讲的目的在于沟通，而不是比谁说得多，所以语速要适中。在一般的演讲中，语速和演讲的思绪是密切相关的。对演讲内容很熟的演讲者在说不同内容时语速也会不一样。例如：有些演讲者一上台，脑中一片空白，努力想台词，从而使语速缓慢不连续；而有些演讲者则只顾着把内容讲完，恨不得一口气讲完演讲内容，语速太快，听众还没反应过来已经接近尾声，这些都是不行的。因此我们应该掌握好语速，不疾不徐，快慢适中。

我们平时说话，都要有停顿，正如标点符号等分隔开书面的语言一样，长短不同的停顿把话分成一个个的意群。例如，当你在说完一句时停一下，就表示这一句话讲完了，或提示听众这句话很重要。但大多数情况下，停顿对演讲者而言总比对听众显得要长一些，所以能够表明你很好地驾驭局势。

曾经看过这么一个笑话，就是因为没有很好的停顿而让人狂笑不已。“叔叔亲了我妈妈也亲了我。”这一句话可以说成：“叔叔亲了我，妈妈也亲了我。”也可说成：“叔叔亲了我妈妈，也亲了我。”两种停顿，表达了两种完全不同的意思。这话要是让孩子他爸听见，那可就不得了了！可见，停顿起着重要的作用。

在马丁·路德·金被刺杀当晚的讲话
——第 35 任美国总统约翰·肯尼迪的弟弟罗伯特·肯尼迪

演讲背景：

罗伯特·肯尼迪，美国前总统约翰·肯尼迪的弟弟。1964 年当选为纽约州参议员，1968 年 3 月 16 日宣布自己的民主党提名总统候选人身份，1968 年 6 月 4 日在重要的加利福尼亚州初选中旗开得胜，那天晚上他在洛杉矶大使饭店向他的拥护者们演说完，在穿过一间厨房的过道离开饭店时被一名心怀怨恨的巴勒斯坦移民开枪击中，两天后死去。

1968 年 4 月 4 日，马丁·路德·金博士在孟菲斯遇刺。那天晚上，罗伯特·肯尼迪预定要在印地安纳波利斯市一个贫穷的黑人区为他争取民主党总统候选人提名的竞选运动发表演说。警察告诫他当晚不宜去演讲，因为他们不能保证他的安全。当他到达那个地区时，他发现听众尚未听说马丁·路德·金遇害。当晚他的即席讲话回顾了一名狙击手的子弹夺去他兄弟的生命后他个人的巨创深痛。

原文再现：

今晚我只想对你们讲几分钟，因为我知道了一个令你们所有人非常悲伤的消息，而且，我认为，它也是令我们所有的公民伙伴以及令全世界热爱和平的人们非常悲伤的消息。这个消息是马丁·路德·金今晚在田纳西州的孟菲斯遭遇枪击而被杀害。马丁·路德·金为他的同胞们把自己的一生献给爱，献给正义，他因为做出这种努力而被害。

在这艰难的一天，在这个令美国艰难的时刻，追问一下我们是怎样一个民族，我们要走向何方，或许不无裨益。对于作为黑人的你们——考虑到现场的证据，显然白人需要对金的遇刺负责——你们可能义愤填膺，满腔仇恨，亟欲复仇。

我们可能会向着那样一个国家的方向前进，以更加两极化的形式——黑人拥簇黑人，白人拥簇白人，使彼此充满敌意。或者我们能够努力，正如马丁·路德·金所做的，互相理解，用一种以爱心和同情去理解的努力取代那种暴力行为，取代已染遍我们国土的斑斑血迹。

对于你们中那些由这一非正义行动导致对全体白人充满仇恨和怀疑的黑人，我只能说我内心怀着同样的情感。我有一位家庭成员被害，但他是被一个白人杀害的。然而我们必须做出努力，必须在美国做出努力，我们必须努力去理解，努力度过这十分艰难的时期。

我最喜爱的诗人是埃斯库罗斯。他写道：“即使我们在酣睡中，仍有不能忘却的痛点点滴滴地坠落心头，直到，在我们绝望的谷底，非我所愿地，通过上帝威严优雅的面容，长出智慧之花。”在美国我们需要的不是分裂；在美国我们需要的不是仇恨；在美国我们需要的不是暴力行动或无法无天，而是友爱、智慧和彼此间的同情，以及对于那些在我们的国家中仍承受痛苦的人的一种正义感，无论他们是白人还是黑人。

……

演讲知识：

日本大正时代，有位独脚雄辩家，名叫永井柳太郎，当他上台演讲时，如果发觉听众中有叽叽喳喳、交头接耳、不安宁甚至十分混乱等现象，他从来不会突然提高声音去暗示或者提醒他们，相反，他会降低声音，甚至完全沉默。当听众看见他嘴唇在动、呢喃细语且神色十分庄重神秘，自己却一个字都听不到时，听众就觉得一定有什么神秘的内容，那几秒的沉默马上就能使听众安静下来。可见，在演讲时聪明地运用沉默能够发挥巨大的作用。

演讲时，开场可用沉默赢得关注，中途时则用沉默强调重点。一般情况下，演讲之前会场都可能有一些吵嚷声，所以演讲前可以用适当的沉默使会场平静下来再开讲，以获得听众的关注。著名的军事家拿破仑每次在将领及士兵前发表战前演说为士兵加油鼓气时，都会刻意地静默四五十秒。有人甚至觉得：在士兵眼中，每当拿破仑沉默一秒，士气就会高涨一倍，赢得士兵多一分的注视。

而在演讲进行到中间时，人们往往会疲劳，导致注意力不集中，这时，如果演讲者沉默一小会儿，就能够把人们的意识拉回来，更有利于突出演讲的重点。有句古语："沉默是金，假如言语没有沉默，则失去它的深度。"大概就是这样的意思吧！

在莫泊桑葬礼上的演说
——自然主义创始人左拉

演讲背景：

这篇演说以其流畅、热烈的旋律，强烈的感情，为“世界短篇小说巨匠”莫泊桑弹奏了一曲葬礼赞曲和安魂曲。这篇在莫泊桑葬礼上的演说词，是作者用血和泪写成的，以饱满、炽烈的情感，使听众在情感、认知上引发了强烈的共鸣，从而使演说获得了巨大成功。

左拉以法兰西文学的名义，热烈地赞扬莫泊桑的文学天才，充分地肯定莫泊桑的文学成就，并在褒贬对比中精辟论述莫泊桑在文学史上的杰出地位，满怀敬意地预言莫泊桑将与他的作品一样获得永生。

原文再现：

请允许我以法兰西文学的名义讲话，作为战友、兄长、朋友，而不是作为同行向吉·德·莫泊桑致以最崇高的敬意。

……

啊！明晰，多么清澈的美的泉源，我愿看到每一代人都在这清泉中开怀畅饮！我爱莫泊桑，因为他真正具有我们拉丁的血统，他属于正派的文学伟人的家族。诚然，绝不应该限制艺术的天地：应该承认复杂派、玄妙派和晦涩派存在的权利，但在我看来，这一切不过是堕落，如果你愿意的话，也可以说是一时的离经叛道，总还是必须回到纯朴派和明晰派中来的，正如人们终归还是吃那使他获得营养而永不会使他厌腻的日常必吃的面包。

莫泊桑在 15 年中发表了将近 20 卷作品，如果他活着，毫无疑问，他还可以把这个数字扩大 3 倍，他一个人的作品就可以摆满一个书架。可是让我说什么呢？面对我们时代卷帙浩繁的作品，我有时真有点忧虑不安。诚然，这些都是长期认真写作的成果……不过，对于荣誉来说这也是十分沉重的包袱，人们的记忆是不喜欢承受这样的重荷的。那些规模庞大的系列作品，能够留传后世的从来都不过是寥寥几页。谁敢说获得不朽的不可能是一篇三百行的小说，是未来世纪的小学生们当作无懈可击的完美的典范、口口相传的寓言或者故事呢？

先生们，这就是莫泊桑光荣之所在，而且是更牢靠、最坚实的光荣。那么，既然他以昂贵的代价换来了香甜的安息，就让他守着对自己留下的作品永远富有征服人心的活力这一信念，香甜地安息吧！他的作品将永生，并将使他获得永生。

演讲知识：

从本篇演讲来看，一方面作者把自己强烈的痛婉之情和深切的缅怀之情和盘托出，使演讲中有了强有力的感情基调；另一方面也激发了听众同样的情感，其感染力强，使听众与演讲者产生了一致的情感和共鸣。

悼词，是为逝者举行的追悼会上所做的讲话，与一般演说词不同，悼词出现在逝者的葬仪上，参加葬礼的人们便是听众，包括死者的亲朋好友等。以《在莫泊桑葬礼上的演说》为例，演讲者左拉就在这个庄严肃穆的葬礼中为听众述说了逝者的一生经历、人格魅力、重大成就等，还阐述了其价值及影响，最后赞扬了逝者的伟大贡献。

其实，致悼词并不难，主要体现在三个方面的内容：

第一，点明悼念对象，通俗介绍其生前身份、简历、因何逝世、逝世时间、终年岁数等。

第二，扼要地介绍逝者生前的事迹，突出其对社会所做的贡献，恰如其分地评价其一生。

第三，对逝者表示哀悼，并勉励生者化悲痛为力量，以实际行动做好工作来纪念逝者。

悼词一般由较有威望或地位的人宣读，国葬的悼词，在中国，习惯上由即位者宣读。

下面，我们来看一篇追悼会的范文：

各位嘉宾、各位亲朋好友：

今天，我们怀着无比沉痛的心情，在此举行告别仪式，深切悼念我们敬爱的导师 ××。×× 导师 ×××× 年参加教育工作，先后在 ×× 任教，担任学校主任、校长等职。任职期间，他工作勤恳，多次被评为模范教师。×××× 年光荣退休，×××× 年 ×× 月 ×× 日因病逝世，享年 ×× 岁。在此，我谨代表 ×× 学校全体师生，对 ×× 导师不幸逝世表示沉痛哀悼，并向其家属致以诚挚问候。因为 ×× 导师的去世，使我们又痛失了一位好长辈、好老师。相信，在座的各位心情也十分沉重。

在人民教师这一神圣岗位上，他勤勤恳恳，踏踏实实，师德高尚。无论在哪所学校，他都能以校为家，以教育事业为中心，一心一意为学校的发展出谋划策。在担任学校主任期间，他清正廉洁，为了给学校节省经费，亲自制作教具、修理器材，有时甚至自己用自行车为学校一次次地搬运书本，一心为校的作风赢得了全校师生的好评。×× 学校教学设备简陋，为了早日增加学校硬件设施，他多方奔走、任劳任怨。

……

×× 导师虽然离去了，但他为人师表、教书育人、自强不息、甘于奉献的精神将永远激励一代又一代人发扬光大，恪尽职守，兴家立业！

×× 导师，安息吧！

在马克思墓前的讲话

——马克思主义的创始人之一弗里德里希·恩格斯

演讲背景：

马克思早期在中国被译为麦喀士，是全世界无产阶级的伟大导师、科学社会主义的创始人。他生于1818年5月5日，1883年3月14日在英国伦敦逝世，3月17日，被安葬于伦敦城北的海格特公墓。本文是马克思的亲密战友恩格斯在马克思墓前发表的讲话。恩格斯用英语发表的这篇讲话，代表全世界无产阶级对马克思的逝世表示了深切的哀悼，对于马克思一生为无产阶级事业所做的伟大贡献做了崇高的评价和热情的赞颂。

演讲正文：

3月14日下午两点三刻，当代最伟大的思想家马克思停止思想了。让他一个人留在房里不过两分钟，当我们进去的时候，便发现他在安乐椅上安静地睡着了——但已经是永远地睡着了。

这个人的逝世，对于欧美战斗的无产阶级，对于历史科学，都是不可估量的损失。这位巨人逝世以后所形成的空白，不久就会使人感觉到。

正像达尔文发现有机界的发展规律一样，马克思发现了人类历史的发展规律，即历来为纷繁芜杂的意识形态所掩盖着的一个简单事实：人们首先必须吃、喝、住、穿，然后才能从事政治、科学、艺术、宗教，等等。所以，直接的物质的生活资料的生产，一个民族或一个时代的一定的经济发展阶段，便构成了基础。

不仅如此，马克思还发现了现代资本主义生产方式和它所产生的资产阶级社会的特殊的运动规律。由于剩余价值的发现，这里就豁然开朗了，而先前无论资产阶级经济学家或社会主义批评家所做的一切都只是在黑暗中摸索。

一生中能有这样两个发现，该是很够了，即使只要能做出一个这样的发现，都有独到的发现，这样的领域是很多的，而且在其中任何一个领域他都不是浅尝辄止。

他作为科学家就是这样。但是这在他身上远不是主要的。在马克思看来，科学是一种在历史上起推动作用的、革命的力量。任何一门理论科学中的每一个新发现——它的实际应用也许还根本无法预见——都使马克思感到衷心喜悦，而当他看到那种对工业、对一般历史发展产生革命影响的发现的时候，他的喜悦就非同寻常了。例如，他曾经密切地注视马赛尔·德普勒的发现。

因为马克思首先是一个革命家。他毕生的真正使命，就是以这种或那种方式参加推翻资本主义社会及其所建立的国家设施的事业，参加现代无产阶级的解放事业，正是他第一次使现代无产阶级意识到自身的地位和需要，意识到自身解放的条件。斗争是他的生命要素。很少有人像他那样满腔热情、坚韧不拔和卓有成效地进行斗争。最早的《莱因报》（1842年）、巴黎的《前进报》（1844年）、《德意志－布鲁塞尔报》（1847年）、《新莱茵报》（1848—1849年）、《纽约每日论坛报》（1852—1861年），以及许多富有战斗性的小册子，在巴黎、布鲁塞尔和伦敦各组织中的工作，最后，作为全部活动的顶峰，创立伟大的国际工人协会——老实说，协会的这位创始人即使别的什么也没有做，单凭这一结果也可以自豪。

正因为这样，所以马克思是当代最遭嫉恨和最受诬蔑的人。各国政府——无论专制政府或共和政府，都驱逐他；资产者——无论保守派或极端民主派，都竞相诽谤他、诅咒他。他对这一切毫不在意，把它们当作蛛丝一样轻轻拂去，只是在万不得已时才给以回敬。美洲，从西伯利亚矿井到加利福尼亚，千百万革命战友无不对他表示尊敬、爱戴和悼念。而我可以大胆地说：他可能有过许多敌人，但未必有一个私敌。

他的英名和事业将永垂不朽！

演讲知识：

上面，我们了解了悼词的主要内容，接下来，我们来看看演讲悼词时的独特语境。毋庸置疑，演讲悼词时特定的环境都是庄严的葬礼。从《在马克思墓前的讲话》中就可以看出，作者亲自来到庄严的葬礼，站在公墓前，面对着战友的墓穴来发表演讲，其全篇演讲中都饱含了对马克思特殊的感情。演讲者在演讲时，一定要注意悼词的三个特征：

第一，以颂扬为主。大多是总结死者的生平业绩及其一生做出的巨大贡献。人们以此来寄托沉重的哀思，并通过死者的业绩激励后人。如毛泽东同志在追悼张思德同志的追悼会上所致的悼词，留下了《为人民服务》的不朽篇章。它不知激励了多少勇于牺牲、为民请命的革命志士，直至今天它还具有很强的现实意义。

第二，悼词的内容应该是积极向上的、情感基调应是昂扬健康的。它不像古代哀悼文，一味宣泄情绪，充满悲伤的情调，让人感到愁闷压抑。它应该排除一切感伤主义、悲观主义、虚无主义等消极内容。它是面向现在和将来，“化悲痛为力量”的最好诠释。

第三，表现形式和表现手法的多样性。悼词既可以写成记叙文或议论文，又可以写成优秀的散文作品；既能以叙事为主，也能以议论为主，还可能抒情为主。同时既有供宣读的形式，又有书面形式。概括来讲，悼词充分肯定死者对社会的贡献，真诚表达生者对死者的悼念和敬意，以质朴无华的语言和多种多样的形式体现化悲痛为力量的积极内容。

巴尔扎克葬词

——法国浪漫主义作家维克多·雨果

演讲背景：

1850 年 8 月 18 日，一代文豪巴尔扎克在巴黎与世长辞，人们陷入了无限悲痛之中。8 月 22 日，当巴尔扎克的遗体在拉雪兹神父公墓下葬时，作为巴尔扎克的老朋友，法国浪漫主义文学运动的领袖雨果冒雨对公众发表了悼念演讲。

在这篇演讲词中，他深情地悼念密友，高度评价巴尔扎克为法国文学做出的重要贡献，充满哲理地告诫人们，巴尔扎克的逝世带来的不是“黑夜”和“虚无”，而是“光明”和“永恒”。这篇演讲词交织着伤痛、悲哀、自豪和信心，是对逝者做出的历史评价。

原文再现：

现在被葬入坟墓的这个人，举国哀悼他。对我们来说，一切虚构都消失了。从今以后，众目仰望的将不是统治者，而是思想家。一位思想家不存在了，举国为之震惊，今天，人民哀悼一位天才之死，国家哀悼一位天才之死。

诸位先生，巴尔扎克这个名字将长留于我们这一时代，也将流传于后世的光辉业绩之中。巴尔扎克先生属于19世纪拿破仑之后的强有力的作家之列，正如17世纪一群显赫的作家涌现在黎塞留之后一样——就像文明发展中，出现了一种规律，促使武力统治者之后出现精神统治者一样。

在最伟大的人物中间，巴尔扎克是名列前茅者；在最优秀的人物中间，巴尔扎克是佼佼者之一。他才华卓著，至善至美，但他的成就不是眼下说得尽的。他的所有作品仅仅形成了一部书，一部有生命的、光亮的、深刻的书，我们在这里看见我们的整个现代文明的走向，带着我们说不清楚的、同现实打成一片的惊惶与恐怖。一部了不起的书，他题作“喜剧”，其实就是题作“历史”也没有什么，这里有一切的形式和一切的风格，超过塔西陀，上溯到苏埃通，越过博马舍，直达拉伯雷；一部既是观察又是想象的书，这里有大量的真实、亲切、家常、琐碎、粗鄙。但是有时通过突然撕破表面，充分揭示形形色色的现实，让人马上看到最阴沉和最悲壮的理想。

愿意也罢，不愿意也罢，同意也罢，不同意也罢，这部庞大而又奇特的作品的作者，不自觉地加入了革命作家的强大行列。

巴尔扎克笔直地奔向目标，抓住了现代社会进行肉搏。他从各方面揪过来一些东西，有虚像，有希望，有呼喊，有假面具。他发掘内心，解剖激情；他探索人、灵魂、心、脏腑、头脑和各个人的深渊；由于他自由的天赋和强壮的本性，由于他具有我们时代的聪明才智，身经革命，更看出了什么是人类的末日，也更了解什么是无意，于是，他面带微笑，泰然自若，进行了令人生畏的研究，但仍然游刃有余。他的这种研究不像莫里哀那样陷入忧郁，也不像卢梭那样愤世嫉俗。

……

演讲知识：

悼词表达的感情十分强烈，在《巴尔扎克葬词》中，雨果用了悼词常用的修辞手法，如“一切虚构都消失了”“他走出了冲突和仇恨”，是人们对巴尔扎克逝世所做出的反应。雨果用了“震惊”“惊呆”“伤心”“悲痛”等词语，这些都强烈地表达出了对逝者的深深痛惜与哀悼。

这里，我们一起来看看演讲的风格和基调，演讲者采用一个什么风格和基调，内容上是以积极正面的赞颂为主，还是以消极负面的痛斥为主？是歌颂还是鞭挞？是慷慨激昂，还是娓娓道来？……

只有确定好演讲的基调之后，我们才能有效地组织语言。而根据演讲的节奏特点也可以将演讲分成三种不同的风格基调：

第一，慷慨激昂式。这类演讲气势磅礴，演讲者演讲时慷慨激昂，滔滔不绝。此类演讲多用于比较激烈、喜悦、愤怒的感情时，它号召性强，听完让人热血沸腾。这种类型的演讲多用于政治演讲、军事演讲等。

第二，深沉凝重式。此类基调的演讲多用于反思型的演讲，既掺杂着理性的分析，又有情感的表达。此类演讲是生活中最常见的一种演讲风格。

第三，潺潺流水式。此类演讲仿佛潺潺的小河流水，慢慢地淌进人们的心田，多用于在平和的生活环境中与听众交流某种情感或思想，给人清新、自然的感觉。

悼念玛丽·居里

——现代物理学的开创者、奠基人爱因斯坦

演讲背景：

居里夫人出生在波兰，当时她的祖国正在沙皇俄国的铁蹄下呻吟。她在巴黎上大学时生活也非常艰苦。后来她的丈夫皮埃尔·居里突然被马车撞死，这给她的打击更为严重。祖国的不幸，家庭的不幸，使“她的心情总是抑郁的”。这种抑郁，使她的外表严肃，甚至使人误解。这并不影响她走自己的路。镭的发现和应用，使居里夫人成为闻名世界的大科学家。1934 年 7 月 4 日，长期积蓄体内的放射性物质所造成的恶性贫血即白血病终于夺去了居里夫人宝贵的生命。她虽然离开了人世，但是她为人类所做的贡献以及她的崇高品行将永远铭记在人们的心里。

居里夫人拥有伟大的人格，具有极端顽强的品德力量和热忱，

她对科学的追求，对名利的淡泊，对社会的责任，都是永远值得我们学习的，而且她的精神也永远指引和鼓舞着我们。

演讲正文：

在像居里夫人这样一位崇高人物结束她的一生的时候，我们不要仅仅满足于回忆她的工作成果和对人类做出的贡献。第一流人物对于时代和历史进程的意义，在其道德品质方面，也许比单纯的才智成就方面还要大。即使是后者，它们取决于品格的程度，也远超过通常人们所认为的那样。

我幸运地同居里夫人有 20 年崇高而真挚的友谊。我对她的人格的伟大越来越感到钦佩。她的坚强，她的意志的纯洁，她的律己之严，她的客观，她的公正不阿的判断——所有这一切都难得地集中在她一个人的身上。她在任何时候都能意识到自己是社会的公仆，她的极端的谦虚，永远不给自满留下任何余地。由于社会的严酷和不平等，她的心情总是抑郁的。这就使得她具有那样严肃的外貌，很容易使那些不接近她的人发生误解——这是一种无法用任何艺术气质来解脱的少见的严肃性。一旦她认识到某一条道路是正确的，她就会毫不妥协地，并且极端顽强地坚持走下去。

她一生中最伟大的科学功绩——证明放射性元素的存在并把它们分离出来——不仅是靠着大胆的直觉，而且也靠着在难以想象的极端困难情况下工作的热忱和顽强，这样的困难，在实验科学的历史中是罕见的。

居里夫人的品德力量和热忱，哪怕只要有一小部分存在于欧洲的知识分子中间，欧洲也会面临一个光明的未来。

演讲知识：

与一般的悼词不同，这篇悼词并没有流露出对逝者的深切悼念，也没有对逝者的功绩进行歌颂，而是用朴素的语言描述出了居里夫人在科学事业上的伟大成就和贡献，剖析了她获得成功的因素，即居里夫人拥有伟大的人格，具有极端顽强的品德力量和热忱，以及为人类进步献身的觉悟。

演讲所阐发的思想观点，要依据听众现有的知识、认识水平和认识方法下手，或新颖，或深刻，总之，一定要给人以启发教益。大家也都知道，演讲最忌讳的便是老生常谈，如果演讲没有任何新意，没有个人意见，那么演讲就显得特别空洞。

从这篇演讲中，我们知道，演讲一定要材料充实、论据确凿。就像爱因斯坦对居里夫人的悼念中，说居里夫人发现了放射性元素，用事实来说话。演讲时，有确凿的事实，最能有力地说明问题。而事实能否发挥它的应有作用，在很大程度上，取决于事实与观点的结合。所以，演讲要论证严密、说理透彻，要让整个事实与观点的组合产生一种不可辩驳的逻辑力量。

另外，演讲语言要通俗明白、生动流畅。在这篇演讲中，我们没有看到华丽的词汇或者精练的语言，但演讲却依旧成功。这得益于演讲中典型的大众化语言。演讲时，除了一些礼仪性惯例式的演讲，讲究措辞或使用一些固定词汇、固定表达方式外，一般演讲都要做到通俗明白、深入浅出、生动活泼。要想做到这些，一是要句式短、句型灵活、节奏感强；二是要多用那些音节流畅、直接性和渗透性好，而又表述庄重、简洁明确的口语词汇，尽量少用专门术语。

悼念迈克尔·杰克逊
——“摇滚女王”麦当娜

演讲背景：

麦当娜是流行的象征，时尚的符号，已经陪伴了全世界 1/4 个世纪。身为“摇滚女王”，麦当娜给摇滚乐注入了新的活力，全世界无数次为她疯狂，为 20 世纪和 21 世纪的流行乐史烙下了深深的印记。其影响力仅次于世界流行天王迈克尔·杰克逊。

在 2009 年 6 月 25 日，美国流行歌坛巨星迈克尔·杰克逊因心脏病突然发作去世。麦当娜在 MTV 大奖颁奖礼上含泪悼念迈克尔·杰克逊。麦当娜用一段令人心酸的讲话拉开了序幕，随后，这位歌坛大姐大回忆了她和迈克尔·杰克逊的往事。

原文再现：

“迈克尔·杰克逊和我一样都生于 1958 年 8 月，迈克尔·杰克逊和我都是在美国中西部郊区长大。迈克尔·杰克逊有 8 个兄弟姐妹，我也是。当他 6 岁的时候，他就成了家喻户晓的明星，也许是世界上最受疼爱的孩子。当我 6 岁的时候，我的妈妈去世了。我认为他受到了比较不公平的待遇。

“我从来没有妈妈，而他从未有过童年。当你没有过什么的时候，你就会痴迷于它。我童年的时候一直在找寻我妈妈的形象，有时候我成功了，但是当你的整个生活都被放大的时候，你如何能重新创建你的童年？毫无疑问，迈克尔·杰克逊是世界上最“大”的人之一……当年仅 8 岁的他唱歌的时候，他可以让你感觉像在听一个经验丰富的成年人唱歌，你的心被他的语言挤压……他拥有佛雷德·阿尔斯泰的优雅和阿里的力量……他的音乐有一种莫名的魔力，不止是让你想要跳舞，实际上让你相信你能飞，可以去做梦，做你想做的事情。因为这是英雄的所作所为，所以迈克尔·杰克逊是个英雄。

“他在世界各地的足球场上表演，他的唱片销售量突破纪录。他和总理、总统共进晚餐。女孩和男孩们都爱他，每个人都想和他跳舞。他看起来超凡脱俗，但是他也是一个实实在在的人。和大多数表演者一样，他是害羞的，并被不安全感困扰。

“我不能说我们是很要好的朋友，但在 1991 年，我决定更好地了解他，我请他出去吃饭，我说：‘我请客，我开车，只有你和我。’他同意了，并没带任何保镖单独来到我家，我们驱车前往餐厅。餐厅里很暗，但他仍然戴着墨镜，我说：‘迈克尔，我感觉像在一辆豪华型轿车里说话，所以你可以摘下你的墨镜吗？我只想看见你的眼睛。’他停顿了一会儿，然后摘下了墨镜扔向了窗外，冲我使了个眼色，笑着说：‘你现在可以看到我了，是否更好一些？’”

……

演讲知识：

不知道大家有没有发现，我们平时说的句句是寻常话，却有时候句句感人。其实，感动就是在寻常中感悟人生。而有些听似寻常的演讲也往往让人热泪盈眶。

麦当娜以两人之间寻常的往事出发，道出了自己与迈克尔生活中的点滴。我们在演讲时，可以借鉴这种方法，就是用亲眼所见、亲耳所闻、亲身所感，以人和事的动作、语言、心理的描写等水乳交融，为听众绘声绘色地再现那或温馨、或激荡人心的一幅图面。这样不仅能强化人物在听众心中的美好形象，更能达到演讲的真实性要求，并且这种形象生动、真实的演讲，完全避免了报告式的说教和乏味的陈述，使人甘愿进入演讲者所描绘的场景中。

如莫言在瑞典发表获奖感言时就坦言，自己获奖后最想念的人就是已故的母亲。他在演讲中穿插了大量对母亲、亲戚、家乡的叙述和回忆，在他的记忆深处，或最早、或最快乐、或最痛苦、或最深刻的事情都与其母亲密切相关。母亲正直、善良、慈爱和坚强的人格魅力给他留下了深刻的印象。很多关于母亲的故事就好像是放电影一样，一遍一遍在他的脑海里回荡，记录着他的成长及周围环境的变迁。同时他把听众也带到了自己那喜怒哀乐的生活中，这样的演讲怎么能不打动人心呢?

建议大家在演讲中要采用真人真事，即写出真实鲜活的贴近生活、贴近人心的真人真事，这样的事既可敬又可信。演讲者的真情感受，不仅可以将人物刻画得淋漓尽致，还能将人物的闪光点都凸显出来，在这一点一滴的事件中，听众的情感也会慢慢加温，直至沸腾起来。这时的演讲可恰到好处地出现高潮，升华演讲的主题，会有一种轻轻抚摸听众的灵魂之感。

《独立宣言》：上帝赋予了我们自由之权

——第3任美国总统托马斯·杰斐逊

演讲背景：

1776年，杰斐逊与富兰克林、亚当斯等人一起被选中为殖民地的独立写一份宣言。第二届大陆代表大会所看到的宣言草案大部分出自杰斐逊之手，然而，令他失望的是，在通过这份文件之前代表大会对它做了修改。他们删除了杰斐逊对英国政府容忍一个腐败国会的谴责，还删去了他强烈反对奴隶制度的内容。

而除了这些修改之外，余下的内容是关于叛国罪的，对于叛国罪的惩罚是死刑。由于当时的情况对殖民地人民非常不利，所以代表大会的成员要用极大的勇气来签署这份文件并把它送给乔治三世。如果殖民地人民在这场战争中失败的话，那么所有在《独立宣言》上签字的人都可能会被处死。

原文再现：

在人类发展的过程中，当一个民族必须解除同另一个民族的联系，并按照自然法则和上帝的旨意，以独立平等的身份立于世界列国之林时，出于对人类舆论的尊重，必须把驱使他们独立的原因予以宣布。

我们认为下述真理是不言而喻的：人人生而平等，造物主赋予他们若干不可让与的权利，其中包括生存权、自由权和追求幸福的权利。为了保障这些权利，人们才在他们中间建立政府，而政府的正当权利，则是经被统治者同意授予的。任何形式的政府一旦对这些目标的实现起破坏作用时，人民便有权予以更换或废除，以建立一个新的政府。新政府所依据的原则和组织其权利的方式，务必使人民认为唯有这样才最有可能使他们获得安全和幸福。若真要审慎地来说，成立多年的政府是不应当由于无关紧要的和一时的原因而予以更换的。过去的一切经验都说明，任何苦难，只要尚能忍受，人类还是情愿忍受，也不想为申冤而废除他们久已习惯了的政府形式。然而，当始终追求同一目标的一系列滥用职权和强取豪夺的行为表明政府企图把人民置于专制暴政之下时，人民就有权利也有义务去推翻这样的政府，并为其未来的安全提供新的保障。这就是这些殖民地过去忍受苦难的经过，也是他们现在不得不改变政府制度的原因。当今大不列颠王国的历史，就是屡屡伤害和掠夺这些殖民地的历史，其直接目标就是要在各州之上建立一个独裁暴政。为了证明上述句句属实，现将事实公之于世，让公正的世人做出评判。

它拒绝批准对公众利益最有益、最必需的法律。

它禁止他的殖民总督批准刻不容缓、极端重要的法律，要不就先行搁置这些法律直至征得它的同意，而这些法律被搁置以后，它又完全置之不理。

……

演讲知识：

从以上演讲来看，杰斐逊写作的目的是说服英王相信殖民地人民有权利争取自由，宣布自己独立。大家一定要注意作家采用了什么技巧来说服读者接受他的观点。

大家都知道，对于一篇完美的演讲来说，在写演讲词时就一定要设身处地地想象形成或创造现场的情绪氛围，所写的内容也应该较为集中。一般来讲，一篇好的演讲稿最多讲两三个问题即可，而且这两三个问题之间还必须在逻辑思维上有必然的关联，再以层层推进的方式，一环扣一环地把这些问题展开来讲。演讲稿开头的方法有多种，通常用的主要有：

首先，开门见山，直击主题。

也就是说演讲者一开讲，就直接点出正题，直视演讲的中心内容。如费翔在“好男儿”星光课堂以出道多年的老艺人的身份为赛区的好男儿进行演讲。他一进场时满脸严肃，直言不讳地冲着选手说：“想出名的请举手。”现场所有“好男儿”都热情高涨，纷纷举手。费翔以此为题，开始了演讲。演讲持续了 15 分钟，费翔还自曝其很喜欢巩俐、很享受掌声，甚至还与“好男儿”们分享艺人成名的过程、好处与麻烦。他的演讲深得听众的热烈欢迎。

其次，提问，吸引倾听者注意力。

这种方法是根据听众的特点和演讲的内容，提出一些能使听众奋发思考的问题，以吸引听众的注意。获得信息的一种有效方法就是提问。在和人交流或演讲的过程中，恰到好处的提问与答话，更是有利于推动谈话和演讲的进展，促使其成功。演讲时用疑问句是引起听众注意和兴趣的可靠办法。如“你已经……吗？”“你有……吗？”或是把你的主导思想先说出来，在这句话的末尾用提问的方式将问题解答。如《独立宣言》中的提问。

最后，把全文有效衔接。

这是整篇演讲的重中之重，即要求我们在演讲中，把所要讲的各个内容层次清晰、巧妙地串联在一起，使其听起来浑然一体。由于演讲的节奏，我们有时需要适当地变换演讲内容，因而也就容易使演讲稿的结构像一盘散沙一样显得过于零散。衔接则可有效弥补这种结构松弛的感觉，还会使各个内容层次的变换更为巧妙和自然，使演讲有整体感，有助于演讲主题深入人心。演讲稿结构衔接的方法主要是运用同两段内容、两个层次有联系的过渡段或过渡句。

《葛底斯堡演说》：自由的永存之路
——第16任美国总统亚伯拉罕·林肯

演讲背景：

林肯在当选美国第16任总统后，由于其废奴主义倾向，南方各州相继宣布脱离联邦，内战爆发，林肯总统领导人民对南方叛军作战。1863年7月3日，联邦军在宾夕法尼亚州葛底斯堡的胜利是美国内战的关键转折点。葛底斯堡战役是一场流血最多的战争，联邦军共损失23000多人。4个月后即1863年11月19日，林肯总统在宾夕法尼亚州葛底斯堡的葛底斯堡国家公墓揭幕式中发表此演说，哀悼在长达5个半月的葛底斯堡战役中阵亡的将士。林肯的演讲修辞细腻、周密，他成为美国历史上最伟大的演说家之一。

演讲正文：

87 年以前，我们的祖先在这块大陆上创立了一个孕育于自由的新国家，他们主张人人生而平等，并为此而献身。

现在我们正进行一场伟大的内战，这是一场检验这一国家或者任何一个像我们这样孕育于自由并信守其主张的国家是否能长久存在的战争。我们聚集在这场战争中一个伟大的战场上，将这个战场上的一块土地奉献给那些在此地为了这个国家的生存而牺牲了自己生命的人，作为他们的最终安息之所。我们这样做是完全适当和正确的。

可是，从更广的意义上说，我们并不能奉献这块土地——我们不能使之神圣——我们也不能使之光荣。为那些在此地奋战过的勇士们，不论是还活着的或是已死去的，已经使这块土地神圣了，远非我们微薄的力量所能予以增减的。世人将不大会注意，更不会长久记住我们在这里所说的话，然而，他们将永远不会忘记这些勇士们在这里所做的事。相反地，我们活着的人，应该献身于勇士们未竟的工作，那些曾在此战斗过的人们已经把这项工作英勇地向前推进了。我们应该献身于留在我们面前的伟大任务——由于他们的光荣牺牲，我们会更加献身于他们为之奉献了最后一切的事业——我们要下定决心使那些死去的人不致白白牺牲——我们要使这个国家在上帝的庇佑下，获得自由的新生——我们要使这个民有、民治、民享的政府不致从地球上消失。

演讲知识：

演讲中我们如何运用评价手段表明自己的立场、观点和态度，从而吸引倾听者的注意力呢？演讲到底是长一点儿好，还是短一点儿好？这些问题都不能一概而论。只要内容吸引人、感情丰富，是长是短都无所谓。不过，建议演讲最好还是短一些为妙，尤其是当演讲者如果本来就没多少话可说，还喋喋不休、唠唠叨叨，便会让人心生厌烦。即便演讲的内容很充实，如果太长，听众也会觉得很枯燥，受不了。例如，美国第 42 任总统比尔·克林顿在担任阿肯色州长期间就被看作民主党内的明日之星，各方都深信其有一天定会竞选总统。他应邀在 1988 年的民主党全国大会发表讲话，介绍民主党的总统候选人迈克尔·杜卡基斯，可这场原定为 15 分钟的演讲后来成为一场臭名昭著的长达一个半小时的乏味谈话。

大家或许不知道，冗长的好比“马拉松式”的演讲，往往太空洞，不仅占用了听众的大量宝贵时间，听完之后还不能使听众从中受益。即便是有内容可讲，但冗长的演讲时间也往往使听众听得云里雾里，抓不住演讲重点，最终产生烦闷。所以，演讲者要注意演讲的场合和时间的掌握，在不宜多说的时候，要长话短说，而三言两语的演讲往往也能够收到很好的效果。有一次美国作家马克·吐温去听一个教士布道，他觉得这个教士的演讲很不错，他准备给这个教士 50 元钱作为报酬。当教士讲到 10 分钟时，他便决定只给他 10 元钱，当教士说了 30 分钟还没有结束时，他决定只给他 1 元钱。等到 1 小时，教士的演讲还没有结束的意思，他不但不想给他钱了，还从他的盘子里取了10元钱走了。当然，这或许只是一个无法考究的逸事，却告诉我们这样一个道理，演讲如果太长，听众必然会生厌。

在一般情况下，没有必要滔滔不绝、长篇大论。如林肯的这篇演说是演说史上著名的篇章，其思想深刻、行文严谨、语言洗练，确实是不愧彪炳青史的大手笔。通篇演讲不到三分钟，虽是国葬典礼，但并没有使用任何哀伤的字眼，而是积极地化悲痛为力量，以彰显烈士们的功绩，同时鼓励美国同胞为追求国家自由的新生而努力。

珍惜现在，把握未来

——英国前首相托尼·布莱尔

演讲背景：

托尼·布莱尔执政 10 年，是英国工党历史上在任时间最长的英国首相，也是该党唯一一位带领工党连续三次赢得大选的首相，他于 2007 年 6 月 27 日向英国女王伊丽莎白二世正式递交辞呈，从而结束自己长达 10 年的首相生涯，正式离任。这篇演讲是托尼·布莱尔于 2008 年在耶鲁大学毕业典礼上的演讲，当天是耶鲁大学毕业庆典日，布莱尔应邀在毕业典礼上发表演讲。

原文再现：

能够站在这里，在耶鲁大学 2008 届毕业典礼发表演讲，我深感荣幸。你们成功毕业了，你们走过来了，我们所有人向你们表示祝贺。

你们必须解决的问题包括气候变化带来的威胁、食品短缺、人口激增、由宗教引发的世界范围内的恐怖主义，以及世界经济的相互联系。这在我的学生时代几乎都没有被意识到。但与以往不同的是，今天这些问题在本质上都是全球性的。

你们了解这一点：耶鲁已经成为文化、语言和文明的大熔炉。你们是全球性的一代，因此，你们要成为世界公民。

每一代寻找他们要进入的世界，然后又离开他们塑造的世界。因此，你们继承什么，又将传递什么？

人类历史以大事件为标志，而大事件由伟人来谱写，由你们这样的人来谱写。

鉴于耶鲁历来人才辈出，人类历史可能就是由你们来书写。因此，从作为个体的你们身上，如果我学到了新的东西，那么这些新东西又是什么呢？事实上，首先我学会了学无止境，时刻积极投入到可能出现的新经历、思考、行动和成长中。当佛祖生命快要终结时，有人问他成为圣人的秘诀，他坦诚相告："常令省察，不令有失。"所以要保持清醒。

了解传统的智慧，但也要做好准备改变它。既要会分析又要会感知，直觉与理性并存。过于斤斤计较只会打错算盘。既要做好准备迎接成功，也要做好准备迎接失败。要知道，是失败而不是成功塑造了人的性格。

……

演讲知识：

同学们，你们有时需要做课前演讲吧，甚至有时候还需要参加全校的演讲比赛，看着同学们站在讲台、演讲台上，慷慨激昂、滔滔不绝的神态、表情等。当别的同学都在跃跃欲试地进行演讲时，也许我们会羡慕别人站在万人讲坛或辩论场上滔滔不绝地演说，或是进行激烈的唇枪舌剑，再看看现实中的自己，却好像总是笨嘴拙舌，老是讲错话。其实，如果我们懂得在自己的讲话中巧妙地穿插一些演讲的小技巧，也许根本不会比那站在讲坛上的雄辩家逊色。

演讲就好像是一场冒险。虽然冒险中总是存在着深深的恐惧，但不可否认的是，成功的冒险家都有各自对付恐惧的法宝。只要学会一些演讲的小技巧，我们就可以成为演讲台上最耀眼、最闪亮的“明星”。接下来，我们来看看面部表情在演讲时发挥的巨大作用吧。

面部表情是人的表情动作的集中体现，它的体现方式丰富多样，如我们常说的挤眉弄眼、横眉表示鄙视，竖眉表示愤怒，低眉则表示顺从。而在这些面部表情中，尤以眼睛的表情最为丰富，它是面部表情最突出的代表，哪个器官都不能替代，如我们平时温柔的眼光、愤恨的眼光等，所谓眼睛是心灵的窗户，从眼睛中你可以看到一个人的情感。当你演讲时，就要不可避免地接受众目睽睽的注视。当然，不能要求每位听众都对我们报以善意的眼光或微笑。尽管如此，你还是不可以忽略听众的眼光，要看着听者的视线来说话。克服这视线压力的秘诀，就是一边进行演讲，一边从听众当中找寻对于自己投以善意而温柔眼光的人，以便维系与听者的感情交流。可是现实演讲中，一些朋友对此却并不重视，他们在演讲中总是傲慢自大，旁若无人，眼睛漫无目的地到处乱瞄，有时看桌子，有时太紧张一直盯着自己的脚看，殊不知，你的这种飘忽不定的眼神给人的印象是故意避开别人的视线，这是胆怯的表现。

那么，在演讲中，究竟应如何运用眼神呢？

首先，演讲者的眼睛要随着自己的情绪和演讲内容的发展时而目光炯炯，时而目光沉郁；其次，将目光注视方向的同一性和观察方位的多样性结合起来，演讲者在演讲时应该始终保持视线的目标在正前方，炯炯有神地正视着听众；最后，演讲者的眼睛好像盯住某些听众，但实际上什么也没看，而就听众来说，还会感觉到演讲者在注视他们。

记住，学会以上用眼神沟通的小技巧，我们基本上就能轻松自如地演讲了。

诺贝尔和平奖演讲

——第44任美国总统奥巴马

演讲背景：

奥巴马是集演艺巨星和政治明星魅力于一身的人物，而这很大程度上归功于他的演讲魅力。2009年10月9日，挪威诺贝尔奖委员会宣布授予奥巴马总统2009年度“诺贝尔和平奖”。奥巴马获悉后发表讲话，本篇演讲便是奥巴马在白宫玫瑰园发表的讲话。总体来讲，奥巴马的这篇演讲，激情四射，振奋人心，言简意赅，主题突出，展示了其谦虚的品质，给人印象极为深刻。

原文再现：

10月9日清晨，我接到了白宫发言人吉布斯的来电，获悉贵委员会决定将本年度的诺贝尔和平奖颁发给我。

我感到十分荣幸，在此，我非常感谢诺贝尔委员会对我的褒奖、信任和支持。

我知道，不仅仅是我赢得了一个奖项，这同样也是全体美国民众的胜利！

我知道，最近几十天来，有关我的获奖，引起多方的质疑和争论。

……

我知道，在我之前，1906 年罗斯福总统、1919 年威尔逊总统都曾在任上获得诺贝尔和平奖。我并不认为我能与那些杰出前辈相提并论。

我知道，我的任上，还有下述这些或那些问题。

我知道，当今世界上，“准核国家”数量似乎正不减反增。

我知道，印、巴的核武器好像已经被世界遗忘，而处理朝核、伊核问题也无进展。

我知道，我们确实开始从伊拉克撤军，但阿富汗呢？恐怕未来还要不断增兵。

我知道，应对“气候变化”，我们做的承诺究竟能否兑现，也是一个问题。

我知道，古老中国还有一句名言：任重道远。

我知道，在今天这个特殊的日子和场合，面对尊敬的诺贝尔委员会，我必须尽可能婉转地表达我对授予我诺贝尔和平奖的感激之情和谢绝之意。

我知道，我心里深深隐藏着对在座各位的抱歉。这里，我再一次深切地表达我的感激和歉意。

我知道，我这样做，是因为深知我面前任务艰难。我们正面临平生最大的挑战——两场战争，一个处于危险边缘的星球，一个21世纪以来最严重的金融危机。

我知道，对于那些在其他国度关注美国和我的人们，从国会到王宫，到在被世界遗忘的角落摆弄收音机的人们，我要说：我们的经历或许各有不同，但是目标是共同的，一个新的黎明已经到来。

感谢大家，愿上帝保佑你们，上帝保佑美国！

演讲知识：

演讲是演与讲的统一结合体，我们前面也说过，它主要是以内容为主，形式为辅的。要做一次成功的演讲，把演讲稿写成之后，最重要的一个环节就是要把演讲词烂熟于心。

那么，如何才能有效记忆演讲词呢？

记忆演讲词，可分为三步进行。第一步是大致浏览，对稿子的中心思想有个大体的了解和认识，能有效把握好题目的主旨。第二步便是仔细阅读，响读。朱熹曾说过，凡读书，需要读得字字响亮，不可误一字，不可牵强暗记。这样，才能达到朱熹所说的“逐句玩味”“反复精读”“诵之宜舒缓不迫，字字分明”，唯有如此，演讲词才能从有理有据、有情有感、有声有色的响读中加以体会和记忆。同时，才可设计演讲的动作、表情和姿态，琢磨演讲词临场情境与听众交流的心理和生理反馈。而一个字的读音，一句话的抑扬顿挫，标点的作用，语气的恰到好处，也无不在其中，它是演讲词记忆的关键之处，也是一个必要的途径。第三步是情读，就是要理解和感受演讲词的情调，注意适度和真实。演讲时，切忌漫无节制的感情宣泄，缺乏控制的感情抒发，会令人产生厌恶感；虚伪的感情表演，会丧失听众的信任。

演讲不是单纯地把记忆及现成的字句复制到别人的心中，也不是冷硬地、死搬硬套地板着脸说教。而是要使自己心中的情感与听众心中的情感互燃，这无疑是演讲成功的最大障碍。

可见，演讲词的有效记忆，一是用眼睛快速浏览，二是使用嘴巴响读，三是动心思情读。只有全方位地记忆演讲词，才能使演讲打动人心。

我有一个梦想

——美国民权运动领袖马丁·路德·金

演讲背景：

马丁·路德·金把他的全部精力和心血献给了美国的民权斗争，甚至牺牲生命也在所不惜。为了这个理想，他一生三次被捕入狱；为了这个理想，他把自己获得诺贝尔奖的全部奖金捐献出来；为了这个理想，1968年4月4日，年仅39岁的他被刺杀身亡。

1963年8月28日，为了争取民权，25万名黑人在华盛顿林肯纪念堂前举行盛大集会，要求种族平等。马丁·路德·金向成千上万的黑人发表了演说，这篇演说词立即举世闻名。他把自己对前途的看法用充满激情的语言告诉了云集的听众，这就是《我有一个梦想》。马丁·路德·金不仅是一位杰出的政治领袖，还是一位优秀的演说家，他的演讲感情真挚，气势恢宏，极富感召力。在他一生进行过的众多演讲中，最有名的就是这次《我有一个梦想》的演讲。

原文再现：

100 年前，一位伟大的美国人签署了《解放黑奴宣言》，今天我们就是在他的雕像前集会。这一庄严宣言犹如灯塔的光芒，给千百万在那摧残生命的不义之火中受煎熬的黑奴带来了希望。它的到来犹如欢乐的黎明，结束了束缚黑人的漫漫长夜。

然而 100 年后的今天，我们必须正视黑人还没有得到自由这一悲惨的事实；100 年后的今天，在种族隔离的镣铐和种族歧视的枷锁下，黑人的生活备受压榨；100 年后的今天，黑人仍生活在物质充裕的海洋中一个穷困的孤岛上；100 年后的今天，黑人仍然蜷缩在美国社会的角落里，并且意识到自己是故土家园中的流亡者。今天我们在这里集会，就是要把这种骇人听闻的情况公之于众。

……

朋友们，今天我对你们说，在此时此刻，我们虽然遭受种种困难和挫折，我仍然有一个梦想，这个梦想是深深扎根于美国的梦想中的。

我梦想有一天，这个国家会站立起来，真正实现其信条的真谛："我们认为这些真理是不言而喻的，人人生而平等。"

我梦想有一天，在佐治亚的红山上，昔日奴隶的儿子将能够和昔日奴隶主的儿子坐在一起，共叙兄弟情谊。

我梦想有一天，甚至连密西西比州这个正义匿迹，压迫成风，如同沙漠般的地方，也将变成自由和正义的绿洲。

我梦想有一天，我的四个孩子将在一个不是以他们的肤色，而是以他们的品格优劣来评价他们的国度里生活。

我今天有一个梦想。我梦想有一天，亚拉巴马州能够有所转变，尽管该州州长现在仍然满口异议，反对联邦法令，但有朝一日，那里的黑人男孩和女孩将能与白人男孩和女孩情同骨肉，携手并进。

我今天有一个梦想。我梦想有一天，幽谷上升，高山下降，坎坷曲折之路成坦途，圣光披露，满照人间。

……

如果美国要成为一个伟大的国家，这个梦想必须实现。

演讲知识：

事实上，青少年在演讲中紧张的主要原因是社交恐惧与羞怯，而其实大多数演讲者在演讲时也都或多或少会有一些紧张感。看着讲台下的听众一一坐定，窃窃私语声和嘈杂声随着演讲者的上台渐渐平息，整个环境突然间安静及一双双眼睛或期待、或犀利，都聚集在演讲者的身上。这时，演讲者就仿若如鲠在喉，心在胸膛内扑腾着狂跳，嘴唇也开始发干，最终很难开口说话。但演讲者只要学习了以下技巧就可缓解紧张情绪：

第一，深呼吸。实践证明，深呼吸可有效补充心脏供氧，使血流和心跳减慢，保持头脑清醒，使人快速冷静下来。在演讲前，先深呼吸几次，此法是最简便且最有效的方法。具体做法是：站直，两眼直视前方，全身松弛，努力吸气再呼气，这样就可缓解演讲时的紧张情绪。

第二，进入自我陶醉的情境中。在演讲时，面对满场听众，有时会因精神紧张而语无伦次，言语表达失误。这时，我们可以想象一下听众都热情地看着自己，或自己已经获得成功，这样，我们就会信心大增。

第三，努力自我调节。为了消除紧张情绪，可在演讲前通过创设良好的外界环境，使自己的情绪得到放松。如在演讲前，听一首轻松愉快的歌曲，读一些幽默故事，去户外大声呼喊等。

第四，适当转移注意力。在演讲前，转移注意力也可有效缓解紧张情绪，我们可以有意识地把注意力转移到某一个具体的物体上。比如：可以欣赏一下会场的布景，也可以与他人闲谈，借以冲淡紧张的情绪。

第五，语言暗示法。其对人的心理乃至行为都有着奇妙的作用。当不良情绪要爆发或压抑的时候，可以通过语言的暗示作用，来调整和放松心理上的紧张状态，使不良情绪得到缓解。语言的暗示也是多种多样的，它包括自我暗示和他人暗示。演讲前可以这样暗示自己："今天的听众都是同学和熟悉的老师，没必要心情紧张。""我已经做足了事前功夫，信心满满。""你一定能行！我们期待着你精彩的演讲。加油！"通过语言的暗示，从而消除紧张情绪。

我们是战无不胜的

——古希腊奴隶主民主政治的杰出代表者伯里克利

演讲背景：

伯罗奔尼撒战争（公元前 431 至公元前 404），是古希腊以斯巴达为首的伯罗奔尼撒同盟与海上强国雅典之间争夺霸权的战争。公元前 435 年，科尔居拉与其母邦科林斯之间因对埃庇丹努斯的控制问题发生争执。两年后，科尔居拉与雅典结盟。由于雅典势力的扩张引起斯巴达人的恐惧。

公元前 432 年，提洛同盟成员波提狄亚退盟并得到伯罗奔尼撒同盟的帮助，雅典派兵前去攻打。同年，伯罗奔尼撒同盟成员迈加拉与雅典发生争执。次年 3 月，斯巴达盟邦忒拜进攻雅典盟邦普拉蒂亚。5 月，伯罗奔尼撒同盟对雅典宣战。本篇是伯罗奔尼撒战争前，伯里克利于公元前 432 年向他的雅典同胞发表的战争动员。

原文再现：

雅典同胞们！我们绝不应该对斯巴达人再做出任何让步了，这是我们要坚持的立场。

现在斯巴达人，显然和以往一样想对我们图谋不轨，他们已经跃跃欲试。虽然条款中已言明，我们应提议和接受就彼此争端公平的解决，并且双方（在和平之时）都应拥有各自的财产，但迄今为止，他们从不要求做这种解决，我们提出时，他们也拒不接受。他们只希望用战争，而不是用条款来镇压我们的不服。他们现在一味横行霸道，不再婉言相告了。他们居然命令我们为波提底亚城解围，并训示我们要让爱琴纳独立，还要我们将有关麦加拉的条款宣告无效。他们最后的使节们也来命令我们让希腊独立，他们提议的问题焦点是有关麦加拉的条款，他们说我们若宣布条款无效，战争就不会爆发了，我希望诸位之中切莫有人以为我们是为了不废除有关麦加拉的条款这种鸡毛蒜皮的小事，才准备打仗的。即使我们是为了这一件鸡毛蒜皮之事开战，诸位以后也不要在内心里自怨自艾。因为，就是这一件芝麻小事，诸位的大小目标，都包含在里头了。诸位若屈服于这种要求，更大的要求将接踵而来，因为此例一开，就得永远俯首听命了；相反地，诸位若能坚持不从，也就是等于明显地告诉他们：他们必须以更平等的地位对待您。

因此，诸位就下定决心吧，或是在你们受伤害前先奴颜婢膝，或是照我所想的进行备战，事无大小，决不让步，也不惧怕保存有我们目前所已获得的东西。因为基于平等地位而来的最大和最细微的需求，在达成公正的解决前，皆可对他们的邻居构成同样程度的压力。

现在，有关这次战争和双方所拥有的工具，我们在听到详情后，就会坚信我们并不比他们逊色。伯罗奔尼撒人是自己耕种自己的田地，他们没有私人或公共基金。他们缺乏持久和海外作战的经验，他们也缺乏长期作战的资金。像这类的人既不能组成步兵队，也不能派出登陆兵力；再者，他们也没有私人企业，只能就自己本身的资源来花费，而且他们又不濒海，不习海战。能支撑他们作战的，是其税收的剩余，而不是强迫性的捐献。

……

演讲知识：

以上演讲是一篇很好的战前演说，其是在战争前为士兵及人民鼓气做准备而进行的演讲，经常运用于战斗前介绍战争形势、战略措施以及战术等；或用于激励战士在战斗中勇猛向前等。有人曾说道，打胜仗有两个因素：一是士气，一是打法。可见，士气是克敌制胜的一个法宝。所以战前激发士气就成了演讲的核心内容。有人说，我们现在也不打仗，不用学战前演讲了。事实并非如此，我们这里说的是如何激发士气哦！大家可以活学活用：

首先，明确任务的意义。阐述、说明任务的完成在军事及政治上的意义、价值，任务完不成在军事及政治上的后果和危害，明确战士肩上的责任，这些是激发士气的关键因素。

其次，体现战士的荣誉。激发士气的另外一个因素就是要体现战士的价值和荣誉，让战士为展示自己的价值和捍卫自己的荣誉而英勇战斗。

再次，激发战士的情感。如果在一次战争中，前线指挥员对战士们说：“同志们，侵略者正在猖狂地侵犯我们美丽可爱的祖国。他们屠杀我同胞、抢夺我财产、烧毁我房屋、炮击我村庄，难道我们能让侵略者蹂躏我们秀丽的河山吗？难道我们能让侵略者这样胡作非为吗？今天，向侵略者清算的时候到了！”听到这些，战士们可能都会个个摩拳擦掌、义愤填膺。这里就有效果地激发了战士的无比愤慨和士气，而这种基于对祖国和人民的热爱而产生的愤慨，就成为激发战士以身赴死、捍卫祖国尊严和人民利益的战斗动力。

最后，指出制胜的条件。指出完成任务的有利条件，让战士们看到制胜的因素，有利于树立战士必胜的信心。信心足则士气高，士气高则战斗力强。这样可以让战士看到胜利的希望，他们受到了鼓舞，从而会以更昂扬的斗志赢得最后的胜利。

阵亡将士国葬礼上的演说

——古希腊奴隶主民主政治的杰出代表者伯里克利

演讲背景：

伯罗奔尼撒战争爆发的第二年，即公元前 430 年的春天，一场可怕的瘟疫降临雅典。雅典深受战事和自然的双重威胁，在这样的苦难面前，死亡几乎是人们唯一的归宿。面对无可避免的死亡，人类所有的技艺、雄辩、谋略全都一无所用，在灾难面前，根植于人类灵魂深处的野蛮天性暴露无遗，虔敬不再，希望不再。瘟疫后的第二年，雅典伟大的政治领袖，“第一公民”伯里克利去世。这篇文章是他在阵亡将士国葬典礼上的演说，它成了不朽的传世经典，其蕴含的勇气和力量深深地激励着后世。

原文再现：

……

我不想作一篇冗长的演说来评述一些你们都很熟悉的问题，所以我不谈我们用以取得我们的势力的一些军事行动，也不谈我们的父辈英勇地抵抗我们希腊内部和外部敌人的战役。我所要说的，首先是讨论我们曾经受到考验的精神，我们的宪法和我们伟大的生活方式。说了这些之后，我想歌颂阵亡战士。我认为这种演说，在目前情况下，不会是不适当的。同时，在这里集会的全体人员，包括公民和外国人在内，听了这篇演说，也会感到有意义。

我要说，我们的政治制度不是从我们邻人的制度中模仿得来的。我们的制度是别人的模范，而不是我们模仿其他人。我们的制度之所以被称为民主政治，是因为政权在全体公民手中，而不是在少数人手中。解决私人争执的时候，每个人在法律上都是平等的；让一个人担任公职优先于他人的时候，所考虑的不是某一个特殊阶级的成员，而是他具有真正的才能。任何人，只要他能够对国家有所贡献，就绝对不会因为贫穷而在政治上湮没无闻。正因为如此，我们的政治生活是自由而公开的，我们彼此间的日常生活也是这样。

……

如果他们在一项事业上失败了，他们也会下定决心，不让他们的城邦发现他们缺乏勇敢，他们尽可能把最好的东西贡献给国家。他们贡献了他们的生命给国家和我们全体，至于他们自己，则获得了永远常青的赞美，最光辉灿烂的坟墓——不是他们遗体所安葬的坟墓，而是他们光荣地永远留在人们心中，每到适当的时机，总会激励着他人的言论或行动。整个地球其实都是他们的纪念物。他们的纪念物不仅在自己的祖国，而且也在外国。他们的英名已经生根在人们的心中，而不是凿刻在有形的石碑上。你们应该努力学习他们的榜样。你们要下定决心：要自由，才能有幸福；要勇敢，才能有自由。

……

演讲知识：

创新是推动人类不断前进的不竭动力，我们生活的方方面面都需要创新。演讲也一样，演讲者掌握了创新思维的方法，就能提出新颖而富有吸引力的观点。观点是演讲的灵魂，而很多人都有喜新厌旧的普遍心理，因而提出创新观点是演讲者的重要任务。但创新不是易事，演讲者只有熟练地掌握一些创新思维方法，才能在演讲实践中提出新颖而富有吸引力的观点，从而使演讲者的演讲更为听众所喜闻乐见。以下几种方法可供参考：

第一，由此及彼。世间万事万物都有多面性，演讲者有自己的观点和见解，这种认识上的局限性和事物发展的规律导致了这一特点，所以有些人只知其一不知其二，而有些人只知其二不知其一。当然，坚持和强调“这一方面”是应该的，因为它也是正确的公认的观点，但如果演讲者顾此失“彼”，就会妨碍认识的深入和工作的改进，因为随着事物的发展，坚持和强调“另一方面”的意义也非常重要。如果演讲者能由此及彼，即在不否认现有观点的前提下，敏锐地发现问题的“另一方面”并适当加以强调突出，就能达到演讲观点新颖、特别的目的。

第二，旧话新说。观点相同，可以用不同的表述方法和途径表现出来，只能说用这种说法说出来听众更容易接受，因为大家都习惯用这种说法表达。但试着用另一种方法讲出来，是不是听众会觉得特别新鲜。如果演讲者总是老话连篇，就会使听众兴味索然。正如在市场经济中常见的现象，同一种商品，换上新的包装之后，就能给人耳目一新的感觉，即使增加商品的价格，同样能激起顾客强烈的购买欲望。同样，在演讲中，把老观点巧妙地“包装”一下，也是观点出新的常用方法。

第三，破旧立新。顾名思义，演讲中的破旧立新，就是在否定、破除旧的观点之后，提出与旧观点相反或相对的新观点。虽然破旧立新的难度和风险较大，但只要有言人所未言的勇气，有实事求是的科学态度，就能收到出语惊人、震撼人心的特殊效果。

一旦出击，必歼顽敌——《对部队的演说》

——第1任美国总统乔治·华盛顿

演讲背景：

乔治·华盛顿，美国首任总统，在任职期间，其表现出了高超的组织能力和领导才能，并领导部队取得了独立战争的胜利。因其极高的威望，人们尊称他为“美国国父”。1789年，华盛顿以全票通过当选为第1任美国总统，这在美国总统竞选史上是独一无二的。1793年连任，两届任期结束后，他自愿放弃权力不再续任，隐退于弗农山庄园。1775年，北美独立战争爆发，华盛顿担任十三州起义部队的总司令，而这篇演讲就是他对参战部队发表的演讲。

演讲正文：

美国人能成为自由人，还是沦为奴隶，能否享有可以称之为自己所有的财产，能否使自己的住宅和农庄免遭洗劫和毁坏，能否使自己免于陷入非人力所能拯救的悲惨境地——决定这一切的时刻已迫在眉睫。苍天之下，千百万尚未出生的人的命运取决于我们这支军队的勇敢和战斗。敌人残酷无情，我们别无他路，要么奋起反击，要么屈膝投降。因此，我们必须下定决心，若不克敌制胜，就是捐躯疆场。

祖国的尊严，我们的尊严，都要求我们进行英勇顽强的奋斗。如果我们做不到这一点，我们将感到羞愧，并将为全世界所不齿。所以，让我们凭借我们事业的正义性和上帝的恩助——胜利掌握在他手中——鼓励和鞭策我们去创造伟大而崇高的业绩。全国同胞都在注视着我们，如果我们有幸为他们效劳，将他们从企图强加于他们的暴政中解救出来，我们将受到他们的祝福和赞颂。让我们相互激励、互相鞭策，并向全世界昭示：在自己的国土上为自由而战的自由民胜过世上任何受人驱使的雇佣兵。

自由、财产、生命和荣誉都在危急存亡之中，我们正在流血受辱的祖国寄希望于我们的勇敢和战斗，我们的妻儿父老指望我们去保护。他们有充分的理由相信，上苍一定会保佑如此正义的事业获得胜利。

敌人将炫耀武力，竭力恫吓，但是，别忘了，在许多场合，他们已被为数不多的勇敢的美国人所击败。他们的事业是邪恶的——他们的士兵也意识到了这一点，如果我们在他们开始进攻时，就沉着、坚定地予以反击，凭着我们有利的工事和熟悉的地形，胜利必将属于我们。每一位优秀的士兵都将整装待命，一旦出击，必歼顽敌。

演讲知识：

此篇演讲开头提出的问题，很轻易地就能吸引听众的注意力，好的开始就是成功的一半。开头是演讲者和听众之间架起的一座桥梁，其作用不可低估。一个成功的开头，能为全篇演讲定下感情基调，让听众马上就能知道，现在听的演讲是属于记叙型、议论型，还是抒情型。其实，我们听的大部分演讲开头都是开门见山型，这在之前已经讲过了，下面再介绍几种开头方式：

第一，悬念式开头，即演讲的开头部分，先把疑问亮出来，让人进行种种猜想，在恰当的时机再揭开谜底。这种方式，可以使情节曲折，达到意想不到的效果。假设我们以环境设定一个悬念，可以在开头精心营造一个寂静、凄凉或美好的氛围，同样能产生巨大的吸引力。如2002年满分作文《雨夜花茶》的开头：窗外，雨打芭蕉；窗内，一灯如豆。一杯清茶，捧一本好书，独守一次静谧的夜。开头这两句话是不是粘住了听众的眼球呢？

第二，警语式开头，即用古语或者知名人士的名言警句等开头。这一种方式在平时的文章中经常见，大家应该都比较熟悉了，在这里就不详细说明了。

第三，揭题式开头，即以片语惊人的方式，揭示演讲主题。但一定不能啰唆，反反复复。如《什么是真正的幸福》开头：幸福，这是一个多么美丽而诱人的字眼，它古老而常新，有着无穷的魅力。它简明扼要地直视演讲题目的深刻含义，有助于自然而然地进入正文。

开进米兰
——法国军事家与政治家拿破仑

演讲背景：

拿破仑，法国军事家和政治家。拿破仑是一名出色的军事家，对当时的军事知识深有研究，善于将各种军事策略运用于实战之中，尤其是主张将火炮集中使用，以及充分发挥骑兵的机动作用。1799 年发动政变，1804 年称帝。任内加强中央集权，促进资本主义发展，使帝国达到强盛，创造了一系列军事奇迹。1812 年兵败俄国，元气大伤。1814 年被反法联军赶下台。1815 年复辟，随后在滑铁卢之战中失败，被流放到圣赫勒拿岛。《开进米兰》是 1796 年 5 月 15 日意大利方面军和平占领米兰后，他向士兵们发布的命令。

演讲正文：

士兵们，你们像山洪一样从亚宁平原上迅速地猛冲下来，你们战胜并消灭了一切阻拦你们前进的敌人。

从奥地利暴政下解放出来的皮埃蒙特，表现了与法国和平友好相处的天然感情。米兰是你们的，在全伦巴迪亚上空，到处都飘扬着共和国的旗帜。

帕尔马公爵和莫德纳公爵能够保留政治生命，完全归功于你们的宏大力量。

号称能够威胁你们的敌军，再也找不到更多的障碍物，可以凭借它们来抵挡你们的勇气了，阿达河、波河和堤契诺河不再阻挡你们前进了。意大利这些所谓的了不起的堡垒都是不堪一击的，你们像征服亚平宁山脉一样迅速地征服了他们。

你们取得这样多的胜利使你们的祖国充满喜悦。你们的代表们规定了节日，以庆祝你们的胜利，共和国所有的公社都在庆祝这个节日。你们的父亲、母亲、妻子、姐妹，以及所有爱你们的人都为你们的胜利而欢欣鼓舞，他们都以自己是你们的亲人而感到自豪。

是的，士兵们，你们做了许多事情……可是，这是不是说你们再没有什么事情可做了呢？……人们在谈到我们时会不会说：我们善于取得胜利，却不善于利用胜利呢？不过我已经看见你们在拿起武器，懦夫般的休养生活已经让你们烦恼啦，你们为荣誉而花去的时光，也就是为自己的幸福而花去的时光。总之，让我们前进吧！目前我们还需急行军，我们必须战胜残敌，我们要给自己戴上桂冠，对敌人给我们的侮辱必须给予报复。

让那些准备在法国挑起内战的人等着吧，让那些卑鄙的杀死我们的驻外使节和烧毁我们军舰的人等着吧，复仇的时刻到了。

但是，要叫老百姓放心。我们是一切老百姓的，特别是希卢图家族、西比阿家族和一切我们奉为典范的大人物的后裔的忠实朋友。恢复卡皮托利山上的古迹，在那儿恭敬地竖起一些能使古迹驰名的英雄雕像唤醒罗马人，使他们摆脱几百年的奴役造成的昏沉欲睡的状态。这些将是你们胜利的果实，这些果实将在历史上创造一个新时代。不朽的荣誉将归于你们，因为你们改变了欧洲这一美丽部分的面貌。

自由的受全世界尊敬的法国人民正在给全欧洲带来光荣的和平，这种和平将补偿你们在六年中所受的一切牺牲。那时你们回到自己的家乡，你们的同胞就会指着你们说：他是在意大利方面军服过役的。

演讲知识：

相对来说，在演讲中，有些内容十分重要，有些内容则是次要的。对于重要的内容或问题，要特别加以强调，使其得以突出，以便给听众留下深刻印象。要达到强调的目的，必须借助一定的方法和技巧。

首先，通过语言速度变化强调。

演讲必须以声音作为载体，因此，声音的高低、轻重缓急必然影响到演讲的效果。恰当地调节声音和语速也必然会使某些内容得到强调。练习时，应当对一些重要的句子或词语做标记，当讲到这些时，不妨有意识地提高音量，与前面的相对低音形成对比，以达到强调的目的。

其次，通过对比强调。

通过两种事物的对照比较，从而使所要表现的事物和思想鲜明突出，给听众留下深刻印象。如我国演讲艺术界泰斗李燕杰在演讲《国家、民族与正气》中，为了说明中华民族具有悠久灿烂的文化，把屈原同普希金做比较，把罗贯中同乔叟做比较，把龚自珍同拜伦做比较。这样非常有说服力地证明了我们中华民族的文化比之世界上其他民族的文化悠久得多、灿烂得多。

最后，通过问句强调。

起强调作用的问句都是与演讲通篇的主旨有密切关系的，或者说，是把主旨压铸成设问、反问句的形式。我们还可以看出，问句的形式也必然会影响到表达的语气，问句显然能使语气加重或加强，强烈的情感也就随之表达出来了。

以上便是演讲中强调的技巧，当然还有另外一些方法。但这几种技巧需要每个演讲者在实践中创造性地灵活运用，切不可生搬硬套。

责任·荣誉·国家

——美国著名军事家道格拉斯·麦克阿瑟

演讲背景：

道格拉斯·麦克阿瑟，美国著名军事家，五星上将军衔。他有 50 年的军事实践斗争经验，被美国国民称为“一代老兵”，又凭借精妙的军事谋略和敢战敢胜的胆略，被称为“美国战争史上的奇才”。第二次世界大战时期历任美国远东军司令，西南太平洋战区盟军司令；战后出任驻日盟军最高司令和“联合国军”总司令等职。这是麦克阿瑟将军在国会告别后重归西点军校的著名演讲，是他一生中最后一次也是最感人的一次演讲。1962 年 5 月，他应邀来到他的母校西点军校，接受军校的最高奖励——西尔维纳斯·塞耶荣誉勋章，还检阅了学员队并和他们共进了午餐。

原文再现：

今天早晨，当我走出旅馆时，看门人问道："将军，您上哪儿去？"一听说我要去西点，他说："那是个好地方，您从前去过吗？"

这样的荣誉是没有人不深受感动的。长期以来，我从事这个职业，又如此热爱这个民族，能获得这样的荣誉简直使我无法表达我的感情。然而，这种奖赏并不意味着对个人的尊崇，而是象征一个伟大的道德准则——捍卫这块可爱土地上的文化与古老传统的那些人的行为与品质的准则。这就是这个大奖章的意义。无论现在还是将来，它都是美国军人道德标准的一种体现。我一定要遵循这个标准，结合崇高的理想，唤起自豪感，同时始终保持谦虚……

责任、荣誉、国家，这三个神圣的名词庄严地提醒你应该成为怎样的人，可能成为怎样的人，一定要成为怎样的人。它们将使你精神振奋，在你似乎丧失勇气时鼓起勇气，似乎没有理由相信时重建信念，几乎绝望时产生希望。遗憾得很，我既没有雄辩的辞令、诗意的想象，也没有华丽的隐喻向你们说明它们的意义。怀疑者一定要说它们只不过是几个名词，一句口号，一个浮夸的短词。每一个迂腐的学究，每一个蛊惑人心的政客，每一个玩世不恭的人，每一个伪君子，每一个惹是生非之徒，很遗憾，还有其他个性不甚正常的人，一定企图贬低它们，甚至对它们进行愚弄和嘲笑。

……

我在梦幻中依稀又听到了大炮在轰鸣，又听到了滑膛枪在鸣放，又听到了战场上那陌生、哀愁的呻吟。然而，晚年的回忆经常将我带回到西点军校。我的耳旁回响着，反复回响着：责任、荣誉、国家。

今天是我同你们进行的最后一次点名。但我愿你们知道，当我到达彼岸时，我最后想的是学员队，学员队，还是学员队。

我向大家告别。

演讲知识：

这是一篇告别演讲的最佳典范，告别演讲通常是指演讲者辞职、退休或者其他离别时，在所举行的欢送或告别仪式上发表的感人的讲话。在告别仪式上，要演说一篇能真正煽动人心的告别词，建议要提前准备演讲词，以使演说达到预期的目的，给听众留下深刻的良好印象。

建议告别演讲要简短一些。等演讲者讲完，大家对其依依不舍，希望演讲者能再多讲几分钟，但千万不要太长，以免给听众造成演讲者是故意表现出悲伤不舍的样子来演说，以至于最后演讲者下不来台，那时告别仪式也就变得毫无意义了。演讲者在告别演讲中要展望未来，而不是总是沉浸在回忆里，需要的话，还要尽可能淡化即将离开的暗示。例如，英国首相托尼·布莱的最后一次演讲，甚至触发了那些迫切希望他离任者的怀旧之情。

尽量表现得自然、亲切一些，不要用软弱无力的声音和硬挤出来的笑容或眼泪来演讲。成功的告别演说应该让听众感受到温暖的光辉和温馨的情谊。自私是人的天性，我们都希望别人对我们有好印象，甚至希望这种感觉一直持续下去。

梦想与责任——无畏的希望
——第 44 任美国总统奥巴马

演讲背景：

奥巴马真正成为政治明星是在 2004 年 7 月，美国民主党召开全国代表大会，奥巴马被指定在第二天做“基调演讲”（“基调演讲”，就是民主党人阐述本党的纲领和政策宣言，通常由本党极有前途的政治新星来发表）。奥巴马不负众望，他亲自撰写演讲稿，并在民主党全国代表大会上发表了题为《无畏的希望》的慷慨激昂的演讲。正是这次名为《无畏的希望》的演讲，为他赢来了巨大声誉，使奥巴马一炮而红，开始受到各界关注，并在政界雄起。

2008 年 1 月，奥巴马宣布成立总统竞选试探委员会，同年 2 月 10 日，他正式宣布参加 2008 年美国总统大选角逐。不少人都认为，奥巴马已然成了民主党内最“黑”的黑马。奥巴马的爱国热情，他对梦想的执着，以及不凡的个人经历，被认为是“美国梦”的最好注解。

原文再现：

美国是一个任何事情都有可能发生的国家，对于这一点如果还有任何人心存怀疑，对民主的力量还表示疑虑的话，今晚就是对这一问题的最好回答。

这个答案早已经印在了到处悬挂在学校和教堂的竞选条幅上，人们随处可见。这些人们已经等待了三四个小时，对于他们当中的大多数，这是有生以来第一次经历这样的过程，因为他们坚信这一时刻注定与众不同，而这种不同便有可能源自他们所发出的声音。

这个答案出自这些人之口，无论是青年还是老年，穷人还是富人，民主党还是共和党，黑人还是白人，拉丁裔、亚裔还是美国本土人，同性恋者还是异性恋者，残疾人还是非残疾人……他们向世界发出了这样的信息——我们从来不分红色之州和蓝色之州，我们永远都是美利坚合众国。

这个答案告诉了那些一直以来充满焦虑、恐惧和怀疑的人们，我们可以将双手放在历史的转折点上，将它再次带向充满希望的美好明天。

这一刻我们已经等待了太久，但是今晚，由于我们在这一决定性的时刻所做出的选择，美国便迎来了它崭新的一刻。

我刚刚接到了来自麦凯恩议员的电话，他在这场漫长而艰难的选举中一直努力着，而他为他所热爱的国家所付出的努力甚至更加艰辛而久远。可能我们当中的很多人甚至都无法想象，麦凯恩议员从何时便开始为我们的国家奉献自己，而我们却早已享受到了这位勇敢无私的领导者为国家所做出的贡献。对于他和佩林所付出的努力，我表示衷心的感谢，同时我也期待着，能够和他们一同努力，共同实现我们这几个月来所做出的承诺。

……

对于我们来说，这正是一个对这一疑问给出回答的机会。这是我们的时刻，这是我们的时代——让我们的人民重新回去工作，为我们的孩子打开机会的大门；积累财富，促进和平；重拾美国梦，重申基本的真相——相对于大多数而言，我们是独一无二的。当我们呼吸时，我们希望，在我们面对讥笑、怀疑以及别人对我们说我们不能的时候，我们将会用凝聚了人类精神的永恒信条做出回应：是的，我们可以！

谢谢你们，愿上帝保佑你们，愿上帝保佑美利坚合众国。

演讲知识：

人靠衣装，我们平时的衣着打扮就是人的门面，会决定我们给人留下的第一印象是好的或坏的。当然，对于在公开场合发表的演讲来说，演讲者一定要注意自己的着装。首先，演讲者应该了解听众的年龄和阶层，这样才能选择合适的服装，并在最短的时间内缩短与观众的距离，表现出强烈的亲和感。其次，演讲者在何处演讲、观众的规模也是着装时要考虑的因素。当演讲场地大、观众多时，服装颜色就要醒目一些；当场地小、观众多时，服装颜色就要中性一些。大家是否留意过奥巴马演讲时的衣着，奥巴马每逢重大场合，均以线条简洁的深色西装搭配一条时髦的领带，从不出错，可谓西装界的“典范”。演讲者在演讲时一定要注意一些着装技巧：

第一，大场合演讲时，严肃主题及轻松主题的衣着技巧。

在空旷的场合演讲，演讲者要穿上颜色醒目的服装，方便最后一排听众都能清楚地看到演讲者。如果演讲内容严肃正式，则要穿着式样相对比较正式的服装。没有哪一种服装能像套装那样让人看上去干练、自信，而且焕发出不可言喻的权威感。领导者想穿出权威感和穿出领导力，不妨学学奥巴马。大场合下轻松的演讲话题就没有必要穿得过于严肃。会议的气氛需要轻松的服饰来引导，正装与休闲装混穿调节会议气氛的效果很不错。

第二，小场合演讲时，严肃主题及轻松主题的衣着技巧。

小场合演讲时，穿着太鲜艳会给听众造成巨大的压迫感，这时低调中性的套装会显得更为合适。一般来说，在款式上套装给人一种权威感，色彩上黑色、灰色、深蓝色、咖啡色给人以权威的感觉。而在小场合较为轻松的讲演中，没有必要穿过于严肃的套装，这样反而与讲话内容格格不入，无法引导现场的气氛。休闲装和半套装是明智的选择，但要注意色彩不能过于强烈，因为强烈的色彩长时间在小空间内会使听众产生视觉疲劳。

让人类的精神在笔下升华
——美国作家威廉·福克纳

演讲背景：

威廉·福克纳（1897—1962），美国作家，先后创作了十几篇长篇小说和几十篇短篇小说，描述了以美国南方 200 年来南北战争为中心事件的社会变迁，各种家族的兴衰，各种人物的沉浮。他的小说常描写美国的黑暗面，1949 年获得诺贝尔文学奖。

这篇演讲是威廉·福克纳在获得诺贝尔文学奖领奖时的演说，是一篇脍炙人口的演讲。他没有沉湎于获奖带来的满足，而是把大部分篇幅用来阐释自己对写作生涯的感受和理解。他认为创作的目的是记录并升华令人类不朽的精神世界，“唯有描写人类内心的自我冲突才能成为上乘之作”。

演讲正文：

我认为这个奖项不是授给我个人而是授给我的工作——一项艰辛而痛苦的毕生投入的人类精神的工作，既不为名也不为利，而是要从人类的精神原材料中创造一些前所未有的东西。因此，这个奖项我只是代为保管。要该奖项的款项按照最初的目的和意义并不难，但我更欢迎这样做，利用这一时机，把它作为一个顶点，向听我话的有志于此的年轻人发出号召，他们中必定有人会站在我今天的位置。

我们的悲剧在于长期以来我们一直承受着肉体上的恐惧，不再有任何精神方面的问题。有的只是一个问题，我什么时候会被炸得粉身碎骨？因此，如今年轻人的作品已经忘记了处于矛盾冲突中的人类心灵问题，而这本身就能够创造出好作品，因为这值得去写，值得为此辛劳。

人们一定要了解这些，一定要叫自己认识到最可鄙莫过于害怕，一定要告诫自己永远不要忘记，工作中除了心灵的正直诚实外不要给任何东西留有空间，过去的那些正直诚实的普遍品质包括爱情、荣誉、怜悯、尊严、同情和牺牲，缺乏了它们任何作品都是短暂的和注定要失败的。把情欲而不是把爱情当作写作题材，把失败当作写作题材，描写的是没有任何人损失任何价值东西的微不足道的失败，把胜利当作题材时，描写的是没有任何希望的胜利，而最糟糕的是没有怜悯和同情。悲伤不是刻骨铭心的，而是清淡描写。写的不是心灵而是分泌腺体的器官。

在人们重新了解这些之前，他们的写作态度就像无可奈何看着世界的末日到来。我拒绝接受世界末日的观点，不是简单地说人类能够持续就说人类是永恒的。当命运的最后钟声敲响，当傍晚的最后一抹红色从平静无浪的礁石退去，甚至不再有其他声音，人类的无尽的不倦声音还在争鸣，我不认输。我认为人类不仅会延续还会胜利。他是永生的，不是因为只有他在万物生灵中拥有不倦的声音，而在于他有灵魂，能够同情、牺牲和忍受的灵魂。

诗人和作家的职责就是歌颂这些。通过提升人类的心灵，提醒他们牢记勇敢、荣誉、希望、尊严和同情这些昔日的光荣，来帮助人类生存下去，这是作家的荣幸。诗人的声音不仅是人类的简单记录，还是能够帮助人类持续和获胜的支柱之一。

演讲知识：

我们每个人都希望自己出口成章，但现实中，根据每个人的认知水平和表达能力的不同而使话语风格迥异、优劣不同。有些演讲者在台上说话如黄河之水泛滥，连绵不绝；有些演讲者则表情木讷，吞吞吐吐；有些演讲者语言锋利，巧发奇中；而有些演讲者说起话来却是漫无边际，不知道想要表达什么……我们想在演讲时独树一帜，那么，一定要培养自己独特的讲话风格。

培养自己独特的讲话风格，使其独树一帜，将会对我们的演讲起到意想不到的效果。著名教育家、演讲家卡耐基曾说过："独特的富有个性的语言特点，是你最宝贵的财富，就是这火花将使你的演说产生力量和真诚。"一个人说话有自己的风格及魅力，说话才更容易吸引人。演讲者可以通过自己的长相特征或肢体上的某种不同于他人的独特肢体语言来引起听众的关注，但或许这只是暂时的，也是远远不够的，它也许只能帮助你引起听众的注意，而不能真正吸引听众。除非演讲者有伟大人物的那种超凡的魅力，否则演讲者必须培养自己的讲话风格，这才是使演讲者让听众信服和难忘的最好方法。

塑造自己的讲话风格，不仅仅是演讲者使用词汇的问题，而是演讲者使用词汇的方式、方法的问题，从这其中也能反映出演讲者的态度和修养。因此要想树立自己的讲话风格，说话就不能忽左忽右、变化无常，更不要试图去模仿别人，表现出不属于自己风格或不适合自己风格的东西。

我们必须强大

——第 42 任美国总统威廉·杰斐逊·克林顿

演讲背景：

1992 年，克林顿作为民主党总统候选人与在任共和党总统乔治·赫伯特·沃克·布什，以及独立候选人罗斯·佩罗竞选美国总统，自称“新民主党人”，在内政方面提出一系列改革方案，以 43% 的公选票，370 张选举人票当选美国第 42 任总统，于 1993 年 1 月 20 日宣誓就职。担任美国总统期间，克林顿一直深得非裔美国人、中西部和西部蓝领工人以及妇女的爱戴，而且他也是美国总统当中不多的少数族裔民权和男女平等的最坚定的支持者。

1996 年，克林顿击败共和党总统候选人罗伯特·多尔和独立候选人罗斯·佩罗连任成功。此篇演讲就是其连任总统时发表的就职演说。

演讲正文：

借此20世纪最后一届总统就职演说之际，让我们一起远眺并迎接下一世纪我们将面临的挑战。所幸，时间和机遇不仅将我们置身于一个新世纪的边缘，一个新的千周年，而且将我们置身于人类事业一个崭新的、光辉的边缘——一个决定我们未来数十年方向和地位的时刻。我们必须使我们古老的民主永葆青春。在“希望之乡”这一古老憧憬的指引下，让我们着眼于新的“希望之乡”。

美国的希望源于18世纪一种无畏的信念：人生来皆平等。在19世纪，我们的国家横跨大陆，拯救了联邦，废除了恐怖的奴隶制，这一信念得以流传和扩展。然后，在动荡和胜利之中，这种希望奔上了世界的舞台，使本世纪成为美国的世纪。这是怎样的一个世纪啊？美国成为世界上最强大的工业大国，它把世界从两次世界大战和旷日持久的冷战的暴虐中拯救出来，并且一再向全球上百万像我们一样渴望自由赐福的人们伸出援助之手。

同胞们，让我们建设这样的美国，一个永远前进，以充分发挥全民潜力的国家。是的，我们必须保持繁荣强大。但是，我们不能忘记：我们已取得的伟大成就，我们将取得的伟大成就，就在人民心中。到最后，整个世界的财富和千支军队都无法与人类精神力量和精神文明相匹敌。

34年前，有一个人，他的一生为我们今天所歌颂，他就在那边，在广场的另一端对我们演讲，他的话打动了国民的良知。像是一个古时的预言家，他诉说着他的梦想：有一天美国终会站起来，在法律面前和人们心中所有公民都将得到平等对待。马丁·路德·金的梦即美国之梦。他的要求就是我们的要求，那便是不断努力实现我们生活的信条。我们的历史就建立在这样的梦想和努力上。通过我们的梦想和努力，我们履行21世纪美国的诺言。

同胞们，我们不能浪费当前的宝贵时机。因为我们大家都在生命的同一旅途上，我们的旅途会有终点。但我们的美国之路必须走下去。

让我们从此地之峰，从世纪之巅前进。愿上帝给我们强有力的双手，做好未来的工作——并且，永远，永远保佑我们美国。

演讲知识：

在日常生活中，我们总能碰到这种人：他们十分努力，勤奋踏实，但是办事的时候却总是事事碰壁、处处为难，原因就是他们“不会说话”。在现代社会，越来越需要人们具有良好的表达和沟通能力，推销员、业务员等职业更是以交流、说话作为主要的工作。在这种情况下，不会讲话的人怎么能办成事呢？

古语有云：“一言兴邦，一言丧邦。”其实在古代，人们都已经知道口才好、会讲话的好处了，而且也具备了这样的能力。战国时的苏秦与张仪就是最佳例子，他们之所以能流芳百世，就是因为他们讲话水平高超，是典型的能说会道的纵横家。

领导干部就职之际往往要做就职演讲。出色的就职演讲能展示领导者独特的形象和人格魅力，使他深得人心，最终成为大众心中永不磨灭的神话。

就职演说能否博得众人的认可和赞许，还要看能否抓住受众最关心的热点问题。人们听就职者演说，无非是关心他下一步将如何领导这个单位、集体或人民，他将在哪些方面有所发展和突破，所以，就职演说一定要做到情真意切，牢牢抓住人们当前所关心的问题，真正把话说到点子上，凝聚下属和人民的工作热情，奠定发展的民心“基石”。只有切实符合大家普遍关心的实际问题，摸准了受众的脉搏，才能够使自己的演说更富有凝聚力和号召力，因此，每一位就职演说者更有必要认真考虑这一问题，在与听众的需求上大做文章。

这里向大家介绍一种就职演讲的即兴发挥技巧——借“时”发挥。

就职演讲总有特定时间，有的领导干部巧借就职年份这个特定的时间尽情发挥，非常成功。有一位县长代表正副县长在县人代会闭幕式上做就职演讲，其中有一段就是借就任时间做了精彩的发挥：

今年是马年，过马年，大家扶我们上马背，我们五个“马上人”的态度是：骑马背、扬马鞭、唱马歌、讲马话。那就是：立马行动，一马当先，五马齐驱，快马加鞭，马不停蹄，抢立汗马功劳，争取马到成功。

这里一连串的“马”不仅应时，为演讲者准备了一个良好的开端，也为恰用比喻使想说的事情更加贴切、生动，让这次表态情真意切，颇具感染力。

我放弃了，但我会继续战斗

——美国第 67 任国务卿希拉里·克林顿

演讲背景：

希拉里是美国第 67 任国务卿，美国第 42 任总统威廉·杰斐逊·克林顿的夫人。她是一位富有争议的政治人物，普遍认为其具有浓厚的自由主义色彩。2000 年，希拉里搬迁到纽约并当选美国参议院议员，成为第一位获得公职的“第一夫人”和纽约州第一位女性参议员。她的竞选策略和丈夫克林顿相似，即以满足选民的实际物质利益为主要手段，同时更加偏重于健康、儿童、社区等妇女关心的话题。

2008 年，全国党内初选，民主党政坛新秀非裔美国人贝拉克·奥巴马参议员异军突起，与希拉里展开了激烈的竞争。6 月 3 日，最后两场初选完成投票，奥巴马最终获得足够的票数赢得提名。希拉里退出美国总统大选，发表退选演说，将尴尬的告别演讲演绎成胜利者全身而退的故事……

原文再现：

现在，想想我们已经取得了多大的进步。当我们刚刚起步时，到处有人问我一个同样的问题：“女人真的可以成为主导吗？”那么现在，我想我已经回答了这个问题。

“黑人可以成为美国总统吗？”奥巴马已经回答了这个问题。

奥巴马和我一起建立了一块对于我们国家至关重要的里程碑，这是我们永远的责任——造就一个更完美的国家的一部分。

这里，就我个人的观点，成为竞选美国总统的女人意味着什么，我总是给他们同样的答案，我以我是一个竞选总统的女人而自豪。我参加竞选因为我曾想成为最棒的总统，但是我是一个女人，像无数的女人一样，我知道那仍然有许多往往是无意的障碍，我想建立一个能够尊重和包容我们每个人的美国。

作为一个女儿，我得益于许多我的母亲从没梦想过的机会；作为一个母亲，我担心着我的女儿的未来，我想让所有的孩子们有一个更加光明的未来。

要创造我所想象的那种未来，我们要保证女人和男人同样理解他们的祖母和母亲的努力——女人拥有平等的机会、平等的报酬、平等的尊重。

……

正因为有他们，我成长在女人的选举权获得承认的时代；正因为有他们，我的女儿成长在不同肤色的孩子们可以在一起上学的时代；正因为有他们，奥巴马和我可以为民主党的候选参加这样一场激烈的竞选；正因为有他们和你们，如今孩子们成长在黑人和女人可以当总统的时代。

当那一天来临时，一个女人宣誓成为总统时，我们将站得更高，更加为我们国家的价值观自豪，为每个美国的小姑娘都能有一个远大的梦想，并且她的梦想是可以实现的而自豪。

你们将会明白，正因为有你们的热烈感情和艰苦奋斗，你让那一天变得更近。因此我想对我的支持者说：当你听到有人或你自己想说“如果……该多好”或“要是……就好了”时，我说，你一定不要这样。每个回望过去的片刻都会耽误我们向前迈进。

……

演讲知识：

看了上面的演讲，大家是不是特别向往言之有物、言之有力的演讲境界？可能大家都会想，这个境界是否有捷径可以达到呢？其实，一切都是有章可循的，演讲也一样。只要培养正确的心态，遵循一定的训练方法和规律，就一定能够取得最佳的演讲效果。

读过以上希拉里的“退选演说”，不难发现一点，她的演讲条理清晰、表述方法灵活多变。这是演讲中很重要的一点。

事实上，科学合理地安排和处理演说的内容，再加上表达技巧的灵活使用，有助于增强演讲效果。为此，在演讲时，演说内容的条理化、清晰化成了首要考虑的问题。流畅的演说脉络，最容易使听众的思路清晰，进而在将来的工作上也会像演说一样条理分明。其次，适当运用一些表达技巧来增强演说的魅力。譬如，用各种排比使演说气势磅礴，充分显示演讲者的魄力；用比喻的方法将枯燥、深奥的问题形象化，使听众听得明白、意图领会得深刻。如演讲稿《我的理想》的开头："如果你是一滴水，你是否滋润了一寸土地？如果你是一线阳光，你是否照亮了一分黑暗？如果你是一颗粮食，你是否哺育了有用的生命？如果你是一颗最小的螺丝钉，你是否永远坚守在你生活的岗位上……"

我们之前也讲过，演讲中要尽量使用短句，能借助文势急促之特点，表现出节奏明快、雄壮有力的特点。另外，还可以根据表达需要，灵活运用各种句式，形成错落有致的节奏感。这不仅有助于形成语气上的抑扬顿挫之感，又概括出所要描述事物的特点，还将充沛的感情表达得淋漓尽致。只要能科学运用这些技巧，一定能使演说锦上添花。

美丽的微笑与爱心
——特蕾莎修女

演讲背景：

特蕾莎修女是世界著名的天主教慈善工作者，印度天主教仁爱传教会创始人，主要为印度加尔各答的穷人服务。她在世界范围内建立了一个庞大的慈善机构网，赢得了国际社会的广泛尊敬。因其一生奉献给解除贫困，于1979年获得诺贝尔和平奖。本篇文章是她在领取该奖项时的发表演讲，语言简洁质朴而感人至深。诺贝尔奖领奖台上响起的声音往往都是文采飞扬、热烈、激昂，而特雷莎修女的演说朴实无华，其所举事例听来似平凡之至，然而其中所蕴含的伟大而神圣的爱却感人至深。

原文再现：

……

在加尔各答仅仅六年的时间里，这样的自然家庭就收留了61273个弃婴。鉴于自然家庭往往以自我约束、自我控制的方式存在，它有其独特的好处。我们对自然家庭的成员开展了“升温爱心法”的培训，这种方法既简单又易行。那些穷人通过培训，很快就知道如何去做。你想知道这些人后来怎样对我说吗？这些街头流浪的乞丐们明确地告诉我：“我们的家庭是健康、团结的。无论在什么地方，我们都可以随时收留被遗弃的婴儿。”我以为如果大家都能这样做，都明白用什么方法去救助弃婴的话，天主为我们创造的生活就不会遭到破坏。

穷人们是伟大的。他们能教给我们许多美好的习惯。有一天，一些穷人找到我们，向我们表示感谢。他们说：“你们搞慈善的人是最好的人。你们帮我们制订家庭计划，教我们开展计划，因为再没有比自我约束、互相友爱更重要的事了。”他们淳朴的话是最美丽、最生动的语言。也许这些人缺吃少穿，甚至没有一个固定的家，但是他们都是伟大的人。

穷人是非常可爱的人。有一天，我们从街上收容了四个无家可归的人，其中一个人看起来情况非常糟糕。我对修女们说：“你们去照顾那三个人，我来看护这个病人。”我用全部爱心和所能做到的一切去抚慰这个可怜的人。我扶着她躺在床上。她的脸上露出了美丽的笑容。她紧紧拉着我的手，感激地说了一句话：“谢谢你。”然后闭上眼睛死去了。

……

前一段时间，我们在加尔各答遇到的最大困难，是买不到白糖。我不知道这事怎样传到了孩子们的耳朵里。一个四岁的印度男孩回家后对他的父母说：“从今天开始，我三天不吃糖。我要把我的那份糖给德肋撒嬷嬷的孩子们。”三天以后，孩子的爸爸妈妈陪着孩子来到我们这里。我从前从未见过他们，那个小男孩甚至连我的名字都叫不准，但是他非常明白是来做什么的，他知道他想要别人分享他的爱心。

……

演讲知识：

特蕾莎修女的演讲是平凡中见真情，平凡中蕴含伟大，大家都知道，只有真情才能打动人。我们演讲时，要善于从自己所熟知的平凡中发掘伟大，以真情来打动读者。另外，在演讲过程中，演讲者有时在理论上花费的笔墨太多，很枯燥，所以经常需要运用事例来阐述主张，抒发情意，这样做，不仅可以充实演讲内容，丰富主题思想的深刻内涵，而且能够增强表达效果，激发听众情感的强烈共鸣。因此有必要让自己的表达方式“深入浅出”，这时，多举事例无疑是一种好办法。好的事例能很好地引出观点，表情达意。

我们读过大量的演讲稿，经验表明，生动感人、真实的事例能达到演讲的高潮，演讲者往往会情不自禁地讲述起某件记忆深刻、难以忘怀的事情，以表达自己的真情实感，从而达到感动人心的现场效应。

当然，在演讲中运用事例还有另一个用途：阐发哲理，这样情理交融的表述，往往会令听众获得深刻的人生感悟。特蕾莎修女本身是一位慈善家，常与人交流，所以她深刻地知道演讲者面对听众进行的是一种信息交流活动，倘若听众与演讲者之间的心理距离太大，就会削弱演讲的现场效果。所以，她演讲时善于巧用事例来亲近听众，以事例感人，以事例让人明理。这样的具体事例，会让听众真切地感受到一种语言亲和力和心理认同感，这无疑有助于演讲的顺利进行并取得实效。

家族的信条
——美国著名慈善家小约翰·洛克菲勒

演讲背景：

在美国的商界，洛克菲勒家族的财富盛名用“家喻户晓”来形容绝不为过。至今已繁盛了六代的洛克菲勒家族与美国乃至国际上的政治、经济都有千丝万缕的联系。标准石油公司、洛克菲勒基金会、大通银行、现代艺术博物馆、洛克菲勒中心、洛克菲勒大学，还有在“9·11事件”中倒塌的世贸大楼，都是洛克菲勒家族的标志。小约翰·洛克菲勒是家族产业的创始人老约翰·洛克菲勒唯一的儿子和继承人，也是著名的洛克菲勒五兄弟的父亲。小洛克菲勒接管了家族企业后，不仅掌管了家族的石油生意，同时还接管了家族的慈善事业。他的这篇演讲是1941年7月8日联合服务组织广播节目的一部分，他的信条涉及人权、法律、朴素、真理、正义、诺言、品格等方方面面，有非常独到的见解，是我们拜读和借鉴的最佳典范。

演讲正文：

这些信条是我和我的夫人在努力教育全家时所依照的原则，它们是先父深信不疑和处世立身的原则，它们是我在母亲膝前所学到的原则。

这些信条指引人们活得有价值，活得幸福，死得勇敢，死得安详。

如果这些信条对我的含义就是对各位的含义的话，它们或许有助于我们的子女得到指引和鼓舞。

让我把这些信条叙述如下：

我相信个人的价值至高无上，个人有生存的权利、自由的权利和追求幸福的权利。

我相信每一项权利都意味着责任，每一次机遇都意味着义务，每一种占有都意味着职责。

我相信法律是为人而制定的，但人却不是为法律而造就的；我相信政府是人民的仆人，而不是人民的主人。

我相信劳动——无论脑力劳动还是体力劳动——是堂堂正正的。就生活而言，世界对任何人都不欠什么，但它却欠每个人一次谋生的机会。

我相信勤俭是井然有序的生活之必需，而节俭是健全的金融机制之根本，无论政府、商务或个人事务皆然。

我相信真理和公正对社会的长治久安至关重要。

我相信诺言是神圣的，一言既出，如同契约；我相信个人品质——而不是财富、权势或地位——具有至高无上的价值。

我相信提供有用的服务是人类共同的职责，只有在牺牲的炼火中，自私的渣滓才能被消除，人类高尚的灵魂才能释放。

我相信全能全知、大慈大悲的上帝——不管怎样称呼上帝，而个人最大的成就、最大的幸福、最大的作为，都必须在和上帝的意志和谐一致的生活中找到。

我相信爱是世界上最伟大的事物；我相信只有爱才能压倒恨；我相信公理能够，而且必将战胜强权。

不管如何表述，上述就是全世界一切善良的人们所代表的原则，不论其种族、信仰、教育、地位或职业如何，而为了这些原则，许多人正在受苦受难，献出生命。

只有在这些原则的基础上，才能建立起人人亲如兄弟，上帝亲如父辈的新世界。

演讲知识：

我们每个人做每件事应该都有自己的理由。大家有没有发现，我们自己的内心总是将自己理想化，都喜欢为自己的言行举止冠以一种良好高尚的解释。所以，如果我们真的想要改变他人，首先应该付诸一种高尚的动机。演讲也是如此，如果演讲者在演讲时，不仅能体现出自己高尚的行为动机，而且把听众的高尚动机也激发出来，那么，就一定会是一次很成功的演讲。

在我们进行演讲或在日常沟通的过程中，一个人的高尚动机常常是可以有效利用的激发听众的最佳说服技巧。大家在生活中一定经常能听到洛克菲勒家族的消息，这个家族经常成为新闻报道的对象。下面我们一起来看看石油大王洛克菲勒是怎样激发对方的高尚动机的，或许这个例子大家已经耳熟能详了。

有一次，一家报纸未经允许将洛克菲勒孩子的照片登上了报纸，约翰·洛克菲勒认为，太出风头对小孩子的成长是十分不好的，于是，就给那家报社写了一封信，希望他们停止这样的做法。

他在信里是这样说的："诸位，我相信你们之中有很多人也和我一样，都已经当了爸爸，你们肯定会了解我的感受，如果让孩子们这么小就成为新闻人物，作为父亲，你们觉得合适吗？"而不是说："我不希望我的孩子的照片再被刊登出来！"洛克菲勒巧妙地激发了人人都不愿伤害儿童的高尚动机，得到了他人的认同。从此以后，那家报社再也没有刊登过类似的文章及照片，因为在他们的内心中，不愿意伤害孩子的潜在意识起了决定性作用。

看了以上事例，大家应该就明白了，激发别人高尚动机达到自己的目的，这是一种很好的沟通技巧。而且，这在演讲时尤为重要。每个人都有自己的生活经历，对一件事会有不同的看法。所以，在演讲时或和别人沟通时，一定要多听听别人的见解，取人之长，补己之短，不断完善自己。如果演讲者希望准确把握听众的想法，不仅要听清楚听众的话，还要善于观察听众的反应。

聪明在于勤奋，天才在于积累——《怎样学好数学》

——中国著名数学家华罗庚

演讲背景：

华罗庚为中国数学的发展做出了无与伦比的贡献，被誉为“中国现代数学之父”，被列为“芝加哥科学技术博物馆中当今世界88位数学伟人之一”，是自学成才的典范。“聪明在于勤奋，天才在于积累……所谓天才，实际上是依靠学习”，这句话是华罗庚一生的写照。以下是他在1962年对广东省数学会会员和中学教师的一次讲话中关于“怎样学好数学”的内容，相信对同学们学好数学会有所教益。

原文再现：

……

从书上学好形式推理重要，而学好书上所没有的思考过程也重要。先学会书上的，再问前人是怎样想出这个结论的，如果习惯了，则创造发明也有了初步的基础了。

数形性质、基本运算、逻辑推理的熟练还不能仅仅依靠一时的锻炼，而必须靠经常锻炼。“拳不离手，曲不离口”，此之谓也。一有机会就练，经常地练，练熟了，练到灵活运用的程度，练到推陈出新的程度。不仅要常练，还要苦练、活练。难题要不要做？我个人的意见，还是有计划、有重点地做些好，这是一种锻炼。书上的习题再难些，数学书上的习题一定能用数学来解决，数学书上第五章的习题一般是能用第五章的知识来解决的，这就是一个重要的提示，重要的范围。因此，适当地做些难题，练了思路，对将来处理实际问题是有好处的。不然套得上公式的会，套不上的就不会，这样的人在处理实际问题时，也就能力不大了。对待较难的问题，就要苦练，不达目的不休地苦练。关于活练，最好多问几个为什么。看到圆，看它能启发些什么，茶壶盖为什么不会掉到茶壶里去？而茶叶筒盖却容易掉到茶叶筒里去？看到方，方砖可以铺地，还有没有其他形式的砖头？如：在空间又如何？看到球，水珠为什么成为球形？训练同学，循序渐进，不要轻视容易，不要惧怕困难。

……

演讲知识：

爱因斯坦曾说：“在天才和勤奋两者之间，我毫不迟疑地选择勤奋，她几乎是世界上一切成就的催产婆。”这里不得不强调一下，演讲成功的秘诀之一便是勤奋，为演讲做充足的准备，大量地练习都有助于演讲者在台上大胆地演讲。

据闻，韩国前总统朴槿惠曾在美国议院使用流畅的英语发表了演说，反响异常好。后来，又在中国的清华大学用中文发表演讲开场白，中间也用了韩语，最后她又以中文收尾，字正腔圆，获得了在场学生的阵阵掌声。据报道，她当时为演讲准备了三套方案，即全程使用汉语、部分使用汉语和只用汉语进行开场白。在外国贵宾访问中国时用中文演讲是鲜少的，而用该国语言来发表演讲，让人觉得备受尊重，也更有助于获得有意义的外交成果，对两国关系产生积极影响。

她所做的这一切都离不开演讲前勤奋的练习和准备工作，试想一下，如果朴槿惠不在演讲前做足准备工作，那么在异常紧张的演讲氛围中，如何还能用英语及汉语演讲呢？有的人虽然能讲一口流利的外语，但演讲前如果不进行认真努力的准备，也必定会失败。所以，演说前的准备对每一位演讲者来说至关重要，往往决定着演说的成败。想让听众在短暂的演说中知道演讲者所说的要点，让听众对此话题感兴趣，并支持演讲者的观点，那就请你记住一条演讲成功的金科玉律：勤奋精心地准备演说。

奉献的艺术

——2013 年福布斯全球华人首富李嘉诚

演讲背景：

多年前，香港著名企业家李嘉诚先生以一篇关于“赚钱的艺术”的演讲拉开了长江商学院的伟大序幕，也开启了中国商学院教育的序幕。当时，中国刚刚加入世界贸易组织，先富裕起来的企业家们也少有走出去的。而伴随着长江商学院的迅速崛起，李嘉诚先生应邀在汕头大学科学院“与大师同行”讲座上向长江商学院的 EMBA 学员发表了一场题为《奉献的艺术》的讲演，以讲故事的方式，在演讲中融入自己的人生感悟，为商学院的学生们讲述了自己一生恪守的核心价值观：诚实、正道、奉献。其演讲获得了热烈响应。

原文再现：

多谢大家常称赞我是一个成功的企业家，对于这些支持、鼓励，我内心是感激的。很多时候传媒访问我，都会问及如何可以做一个成功的商人，其实我很害怕被人这样定位。我首先是一个人，再而是一个商人。

人一生中都要扮演很多不同的角色，也许，最关键的成功方法就是寻找到导航人生的坐标。没有原则的人，会漂泊不定，有正确的坐标，我们做什么角色都可以保持真我，挥洒自如，有不同程度的成就，活得更快乐、更精彩。

……

今天商业社会的进步，不仅要靠个人勇气、勤奋和坚持，更重要的是建立社群所需要的诚实、慷慨，从而创造出一个更公平、更公正的社会。

从小我就很喜欢听故事，从别人的生活得到启发。当然，不单是名人或历史人物，周围的人、事，言行举止，都是如此。在商言商，有些时候，更会带来巨利的机会。

……

范蠡一句“飞鸟尽，良弓藏；狡兔死，走狗烹”，说尽了当时社会制度的缺憾，大家都忘不了他的这句话。范蠡是《史记·货殖列传》中所记的第一人，他曾拜计然为师，研习治国方略，博学多才，是春秋时代著名的政治家。

他有谋略，有渊博及系统化的经济思维，他的经济智慧为他赢得巨大的财富。现代经济学中很多供求机制的理论，我国历史早有记载。范蠡的“积著之理”研究商品过多或短缺的情况，说出物价涨跌的道理。怎样抓住时机，货物和现金流的周转，要如同流水那样生生不息。

范蠡的“计然之术”，还试图从物质世界出发，探索经济活动水平起落波动的根据；其“待乏”原则则阐明了如何预计需求变化并做出反应。他主张平价出售粮食，并平抑调整其他物价，使关卡税收和市场供应都不缺乏，才是治国之道，更提出了国家积极调控经济的方略。

“旱时，要备船以待涝；涝时，要备车以待旱。”强调人们不仅要尊重客观规律，而且要运用和把握客观规律，应用在变化万千的经济现象之中。

演讲知识：

大家都知道，在演讲中穿插一些故事是十分重要的，它的魅力就在于故事有神秘性、自觉性等。但不可把演讲和讲故事混为一谈，演讲和讲故事有所不同。演讲又叫讲演或演说，是指在公众场所，以有声语言为主要手段，以体态语言为辅助手段，针对某个具体问题，鲜明、完整地发表自己的见解和主张，阐明事理或抒发情感，进行宣传鼓动的一种语言交际活动。而讲故事就没有演讲那么正式，比较随意。那么，我们如何在演讲中穿插故事，使之吸引人呢？

很多演讲者登台以后，用了很长一段时间介绍自己的姓名、籍贯、爱好和特长等，短短的演讲时间，自己东拼一句，西凑一句，备受煎熬，听众也听得稀里糊涂，不知所云。小的时候，我总喜欢听家长或老师讲故事，而且总能在故事中悟出一些道理，使自己印象深刻。在演讲中讲故事，能使人的演讲与口才更好。

如果演讲时，大家真的不知道应该说什么，那么只要找准一个观点，再引用鲜活的事例，那么演讲自然就不再是多么难的事了。

有意义和有新意谈的都是素材组织的问题，有创意谈的则是故事的表现形式，就是运用怎样的技巧让你的故事引人入胜。在演讲中，你的故事中要有悬念，要有冲突，平铺直叙的讲述方法很难引起听众的兴趣。在很多好莱坞大片中，我们看到了各种不同的演绎方法，如倒叙、插述，甚至时空交错等。而只要演讲前精心设计，再平淡的故事也能吸引人，给人带来惊喜。